まんが図解

まるかじり！資本論

Manga for Mastering the Theory of Capitalism

的場昭弘
［監修］

青春出版社

トントンケン軒
らーめん
麺
おまたせしました～
店長
高橋
カチャカチャ
就職決まらなくって……
学生の時バイトしてたとこで、とりあえずはそのまま働くから

ひがしちゃん、これ見てよ
うちの豚骨ラーメン1杯の原価表だってよ
豚骨背脂 しょうゆラーメン
スープ(ダレ含む):75円
しょう油ダレ・調味料:10円
麺:50円
具材:60円
(ねぎ、メンマ、チャーシュー、紅ショウガ)
材料費合計195円
原材料費ってこんな安いの?
ボロもうけじゃん!
安かないんだってよ!
あいつによれば
本店社員 大沢
原価率は30%に
このラーメン600円でしょ。それだと原価率は32・5%ですよ
コストカットして、ってことですけど
そうすっね
知らねーよ、アホ!

つうことで
材料費を180円に押さえるか、値段を一杯650円にしろ、だってよ
でもラーメン1杯で405円の儲けもあるんですよね？
人件費とか家賃、あいつらに払うロイヤリティとかがあるじゃん
そういうの全部あわせると1杯の儲けって150円くらいじゃないかな
2杯目
そんな少ないんですか？
そりゃそうだよ。だってさ、中身はチェーン店、どこでもだいたい一緒
俺らのオリジナリティってそんなもんだよ
それが俺らが生み出している利益
そういうもの……
……なんですか

*1 ひがしは知らず知らずのうちに、低賃金でも働く外国人労働者と競争しているのだ。

*2 「生産手段および生活手段の所有者」とは店のオーナーである店長。「自由なる労働者」とはひがしのようなアルバイトたち。

バイト
また募集だって
ここのバイト
すぐ、やめちゃう
んだよね
アルバイト
募集
★学生歓
★時給
★深夜勤
資本は、生産手段および生活手段の所有者が、自由なる労働者を、彼の労働力の売り手として市場に見出すところにおいてのみ成立する。*2
――『資本論』第4章「貨幣の資本への転化」
いらっしゃいませー
どうぞ
ここにも『資本論』の
世界が……
労働日は、毎日まる二四時間から、それなくしては労働力が絶対に再度の用をなさなくなる僅かな休息時間を、差し引いたものである。*3
――『資本論』第8章「労働日」

*3 資本は基本的に、労働者が働けないようになる限界ギリギリまで、働かせるものだと述べている。

*4 食器洗浄機や食券販売機が処理している事柄は、以前ならば人が作業していたはずだ。

*5 本店社員・大沢もマルクスがいうところのプロレタリアートの一人なのだ。

*6 資本（大企業である本店）は資本を飲み込み大きくなる。同時に失業者を生み出している。

麺ショップ レボリューション☆
いらっしゃいませー
取り消しって どういうことですか?
また、働いてくれってこと
でも、本店つぶれちゃったんでしょ
もとの通り、独立した俺の店でやっていくんだ
ロイヤリティとか指導料とか、くそったれだよ
もともと俺の店だったんだし、始めからこうしときゃよかったんだ

とにかく、いままで通り、働くってことですよね
そうそう！
ず
ずーーっっ
我々の社会はよくも悪くも資本主義社会
この社会の仕組みを知ろうとすると、この本を読むのが一番の近道になるだろう

なぜいま『資本論』なのか？——はじめに

現在の世界は混迷の時代です。これまでの常識が通用しなくなっています。近代国家、資本主義、民主主義、人権、民族といった、これまで当然だと思われてきたものが、今や崩れつつあります。こうした大変動期を生き抜くには、古典を読み、先人の知恵を借りることが大切です。

そんな古典の中でも、その洞察力、未来への希望、スケールの大きさで度胆抜いているのが、カール・マルクスの『資本論』で、彼がこの書物を執筆するのに注いだ情熱と根気だけでも、煎じて飲むに値します。内容に関してもまったく古さを感じさせません。いやむしろ、今の時代にますますその真価を発揮しつつあるといっても過言ではないでしょう。

たとえば今現在私たちは、資本主義に内在する、飽くなき利潤の追求が生み出す、貧富の格差、環境破壊、経済危機、グローバリゼーションによる世界的規模での危機の拡大に直面しています。マルクスは、すでに一九世紀においてこの状況を予測していました。

『資本論』が展開する、労働のみが価値を生み出すという議論は、尽きるところ経済とは、人間相互の関係だという意味です。資本は、人間が生み出した価値の結晶にすぎず、資本それ自体が何か新しいものを生み出しているのではないということです。もちろん現実は逆に見えます。だから私たちは翻弄され、何がなんだかわからなくなるのです。

過去労働である資本が、生きた生身の人間である私たちを支配する。だから真面目に働いている者が貧しく、資本を持っている者のみが豊かになるのですが、これこそ、貧富の差をますます拡大し、国家を押しつぶして利益をむさぼり、世界の先行きを暗くしている原因です。

現在世界の国家が資本の自己増殖のために支払っている国家の債務をあわせると、世界の国民総生産高に近い五千兆円ほどになります。そして八〇人の資本家の収入は、貧しい三五億人の収入に等しいと言われています。世界には新たに発見されるべき民族も土地もなく、爆発的に売れるような商品もなく、あり余った過剰資本の投資先もありません。利潤が次第にあまりあげられなくなりつつあります。若い人々の労賃を下げて何とか利潤を引き出すしかないという状態です。しかしこれは逆に消費をさらに減退させ、労賃をさらに下げるという悪循環へと導いています。何か新しい世界を創りだすしかないのかもしれません。マルクスはそれを共産主義という言葉で述べていたのですが、意味を少し今風に変えれば、世界の人類の共同社会のことかもしれません。

本書をお読みいただき、わずかばかりでもマルクスの描いた資本の論理を理解していただければ幸いです。

二〇一四年一一月一日

的場昭弘

まんが図解 まるかじり！『資本論』もくじ

編集・構成	クリエイティブ・スイート
カバーイラスト・本文マンガ	古賀にこみ
本文デザイン・DTP	小河原徳（C-S）
本文イラスト	YUU

第1章 『資本論』はどうやって生まれた？

経済学を学んだことのない人でも、世界史の授業などでマルクスの名を耳にしたことのある人は多いはず。教科書的にいえば、マルクスは『資本論』や『共産党宣言』の著者であり、社会主義運動のカリスマ的存在。でも、マルクスはどんな人で、なぜカリスマになったのか、なぜ社会主義や共産主義を理想に掲げたのか、そもそも社会主義や共産主義ってなんなのか。そんな疑問を解消するために、まずはマルクス自身をクローズアップ！

01

世界を変えた1冊といわれているけど

ところで『資本論』ってどんな本？

今なお読み継がれる『資本論』の誕生

フランスで新しい『資本論』が発売された。その本では、市場を放置しておけば格差がますます拡大していくということを膨大なデータをもとに論じている。といってもこの話は19世紀ではなく、もちろん現代の話。新しい資本論とは、フランス人経済学者トマ・ピケティによる経済学書『21世紀の資本』のことだ。

ピケティ氏の書物は本国での刊行に続き、米国での翻訳が14年4月に刊行されると3カ月で40万部を売り上げるという大反響を呼んだ。本家の『資本論』をほうふつとさせる内容に、世界が衝撃を受けたのだ。ノーベル経済学賞を受賞したアメリカのポール・クルーグマンは、「ほかのベストセラーの経済書とは一線を画す、議論の根本を覆すような本格

★『資本論』第1巻の構成

第一篇　商品と貨幣
第一章　商品
第二章　交換過程
第三章　貨幣または商品流通

第二篇　貨幣の資本への転化
第四章　貨幣の資本への転化

第三篇　絶対的剰余価値の生産
第五章　労働過程と価値増殖過程
第六章　不変資本と可変資本
第七章　剰余価値率
第八章　労働日
第九章　剰余価値の率と剰余価値の量

第四篇　相対的剰余価値の生産
第一〇章　相対的剰余価値の概念
第一一章　協業
第一二章　分業と工場手工業
第一三章　機械装置と大工業

第五篇　絶対的剰余価値と相対的剰余価値の生産
第一四章　絶対的剰余価値と相対的剰余価値
第一五章　労働力の価格と剰余価値との量的変動
第一六章　剰余価値率の種々の表式

第六篇　労働賃金
第一七章　労働力の価値または価格の労働賃金への転化
第一八章　時間賃金
第一九章　出来高賃金
第二〇章　労働賃金の国民的差異

第七篇　資本の蓄積過程
第二一章　単純再生産
第二二章　剰余価値の資本への転化
第二三章　資本主義的蓄積の一般的法則
第二四章　いわゆる本源的蓄積
第二五章　近代植民理論

的なもの」と評価している。

このピケティ版『資本論』を十分理解するためにも、オリジナル『資本論』を知ることが一番の近道になるに違いない。実際、世界中で経済危機が起こるたびにマルクスの『資本論』はいつも話題になる。まずは、その誕生の現場から見ていこう。

オリジナルの『資本論』は3巻構成になっている。1巻の出版が1867年、2巻が1885年、3巻（2巻本）が1894年。ちなみにマルクスは1883年、64歳のときにロンドンで亡くなった。つまりマルクス自身が出版まで面倒を見たのは1巻のみ。2巻、3巻は生前のマルクスが残した膨大なノートをもとにエンゲルスがまとめあげたのだ。

この作業が大変だった。というのもマルクスは十分な完成原稿を残しておらず、しかも字が「象形文字的筆跡」だったらしく、親友のエンゲルスでも読解に困難を極めた。それゆえ2巻、とりわけ3巻の出版までにそれだけの長い時間がかかったのだ。『資本論』は本当の意味で、マルクスとエンゲルスの協力でできた本というわけだ。

最先進国・イギリスで経済学とケンカした意味

『資本論』の副題が「経済学批判」とあるように、マルクスはここで、イギリスの経済学者を徹底的に批判した。出版当時、世界で最も資本主義が発展していたのは大英帝国だった。それと歩調をあわせてイギリスでは経済学が世界で最も進んでいた。マルクスはそこにヘーゲル仕込みの弁証法という武器をもって戦いを挑んだ。

歴史を動かす経済的物質条件は、手工業時代→工場制手工業時代→機械制大工業時代、と変化する。機械制大工業時代に入って本格的な資本主義ができたわけだが、イギリスの経済学者は資本主義だけで通用する経済法則を発見することには成功していた。が、そこに潜む矛盾と次の経済体制へと至る可能性を見ようとはしない。彼らは資本主義が永遠の経済制度だと考えていたからだ。

いっぽうマルクスは弁証法を用い、時代の移り変わりをあらわにする経済発展の科学法則を打ち立てようとした。資本主義が最も進んでいるイギリスを分析することで、次の経済体制――社会主義への可能性が見つけられる。後進国もイギリスがたどった運命をいずれ受け入れることになる。

マルクスはいう。「ここで報告しているのは君のことなのだよ!」と。

彼らはなによりも労働者に『資本論』を読んでほしかった。マルクスは、1章の商品の分析をのぞけば、難しいことを述べているつもりはなかった(実際にどうかは別にして)。マルクスはいう。「何か新しいことを学び、したがってまた、自分で考えようと志す読者を想定しているのである」。

02

現代思想の大巨人といわれているけど

『資本論』を書いたマルクスってどんな人？

ズバリ！『資本論』を書いた人

試しに「マルクス」で画像検索をしてみてほしい。映画『ハリー・ポッター』に出てくるハグリッドそっくりなその人が、マルクスだ。彼の名前を聞いたことはあっても、その人となりについてくわしく知っている人は少ないかもしれない。

それもしかたないだろう。というのもこの人はある人にとっては「社会主義の父」であり、「人類の救世主」でもあるが、別の人にとっては「人類最大の悪魔」や「サタニスト（悪魔主義者）」だったりもする。経済学者としても「経済思想の地下世界からやってきた変人」（ケインズ）とも見なされる始末。いまだにこの人についての評価は二つに分かれる。

が、これだけは確かだ。マルクスとは『資本論』を書いた人だということ。マルクスは

氏名	カール・マルクス　Karl Marx	
	1818年　5月　5日生　(男)・女	
出身地	プロイセン（現ドイツ）トリーア市	

自己アピール　全力を込めた『資本論』を読んでいただければ、私の能力や情熱、正義感など十分に伝わると思います。あんまり難しく書いたつもりはありませんが、知人には「難しい」とよくいわれます……。

年	月	学歴・職歴
1835	10	ボン大学入学。法律学を修める。
1841	3	ベルリン大学卒業。4月『デモクリトスとエピクロスとの自然哲学の差異』でイエナ大学から哲学博士の学位取得。
1842	10	『ライン新聞』主筆となる。11月ごろ、エンゲルスと初対面。
1843	10	結婚（6月）し、パリに転居。
1844	2	『独仏年誌』を発行。「ヘーゲル法哲学批判-序説」発表。
	春	このころから経済学の研究を開始。
1846	春	『ドイツ・イデオロギー』（エンゲルスと共著）を執筆（未刊行）。
1848	2	『共産党宣言』出版。
1849	8	ロンドンに転居。翌年8月より『ニューヨーク・デイリー・トリビューン』へ10年間寄稿。
1852	5	『ルイ・ボナパルトのブリュメール十八日』刊行。
1859	6	『経済学批判』第1巻刊行。
1867	9	『資本論』第1巻刊行。 1872年には露語訳、仏語訳（第一分冊）、87年には英語訳出版。
1883	3	ロンドンで逝去。
1885	6	エンゲルスにより『資本論』第2巻刊行。
1894	10	エンゲルスにより『資本論』第3巻刊行。

生涯のすべてをこの一冊に注ぎ込んだといってもけっして過言ではない。マルクスとはどんな人かを知りたければ、『資本論』を知るよりてっとり早い方法はない。

ドイツ、フランス、イギリスと移動

マルクスの人となりを考えるうえで最もわかりやすい説明は、「ドイツの哲学を、フランスの社会主義を、イギリスの経済学を体現した」というものだ（のちのレーニンは3つの源泉と呼んだ）。カール・マルクスは1818年5月5日、プロイセン（現ドイツ）のフランス国境に近いトリーアという街のユダヤ人一家に生まれた。父、ヒルシェルは弁護士で、カールが生まれる前年にプロテスタントに改宗していた。フランス風の自由な雰囲気のなかで育てられ、シェイクスピア、ダンテ、ソフォクレスなどをこよなく愛するロマンチックな文学少年だったという。

彼の文学気質はのちに奥さんになるイェニーのことを書いた手紙に見られる。「芸術もイェニーほどに美しくはない」。読んでいるこちらが恥ずかしくなってくる。のちに彼はイェニーに当てて『リートの本』『愛の本』（2冊）という詩集を贈っているほどだ。

1835年、17歳のマルクスはボン大学に入学、翌年ベルリン大学に転学し哲学者ヘーゲルに代表される弁証法哲学を学び始める。マルクスはヘーゲルを絶賛しつつ、批判的に乗り越えようとする。たとえば「弁証法は彼において頭で立っている」と批判しつつ、理論を逆転させ独自の唯物史観を生み出したのだ。とはいえ、マルクスはヘーゲルの正統な後継者だった。ある評者がいうには、マルクスは「経済学者になったヘーゲル」だという。

1843年、25歳でパリに移動。おもにジャーナリスト・革命家として活動する。そこで各国政府に目をつけられるほど社会や国家を批判する（その分、マルクスは行く先々で苦労する）。やがてフランスで追放命令が出されると、1845年27歳のときブリュッセルに亡命し、その後「一八四八年革命」とともにドイツに戻るが、1849年31歳のときにイギリスに亡命する。そして1883年に亡くなるまでの35年ほどはその地にとどまり、のちに『資本論』となる「経済学批判」の研究をずっと続けた。

盟友・支援者・編集者エンゲルスとの出会い

マルクスを語るうえでフリードリヒ・エンゲルスの存在は欠かせない。そもそも『資本論』は彼との共同制作でもある。

彼らは1842年に出会ったといわれている。以来、エンゲルスのマルクスに対する愛情はすさまじかった。マルクスの天才を信じた工場主の息子のエンゲルスは、金銭的な援助までして『資本論』の完成をひたすら待ち続けたのだ。

03
まずはドイツ時代を見てみよう

マルクスのここがすごい！①哲学者としての横顔

ヘーゲル哲学から弁証法を学ぶ

マルクスが大学でヘーゲル哲学に出会ったことは決定的に重要だ。のちの『資本論』にも垣間見えるのが、弁証法。これをザックリいうと、矛盾が乗り越えられて、新たなる段階に至ること、といえるだろう。マルクスのヘーゲルに対する態度は、ずっとアイマイだった。しかし少なくともマルクスの哲学の中心には、ヘーゲルから受け継いだ弁証法というものがあったことは間違いない。

独自の唯物史観をついに確立！

若いマルクスはドイツの著名な哲学者フォイエルバッハと対決する。きっかけは「唯物

★4つの国を渡り歩いたマルクスの軌跡

1818年
マルクス誕生

1836年〜
ベルリン大学に転学、哲学を学ぶ

1843年〜
25歳のとき、パリへ。おもにジャーナリスティックな活動にまい進

1845年〜
27歳のとき、ブリュッセルへ。革命活動に参加

1849〜83年
フランスを追われ、イギリスに亡命。おもに経済学の研究、および『資本論』の執筆を続けた

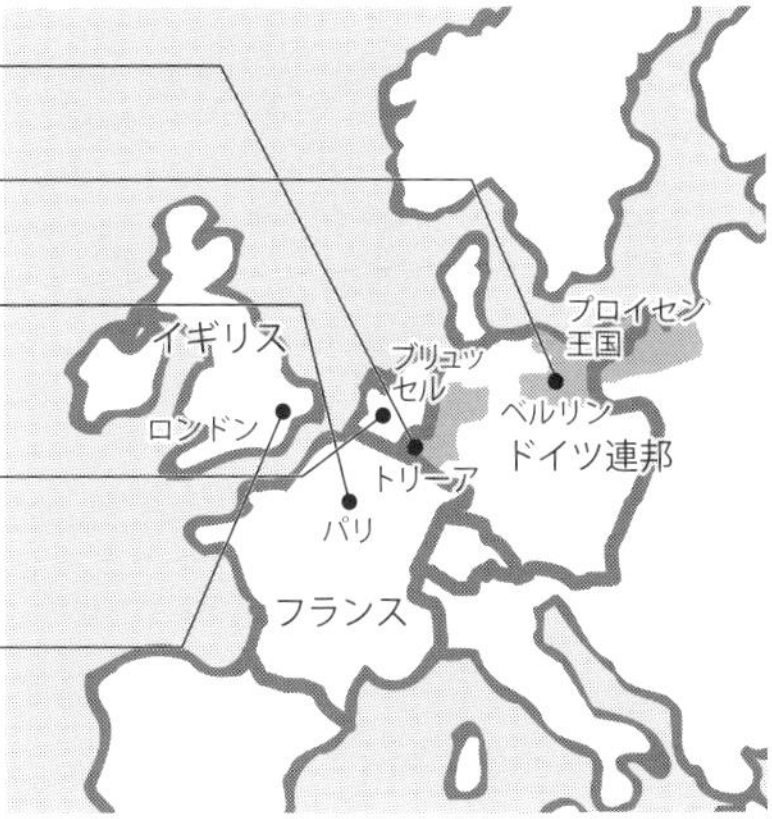

論」についてだ。唯物論とは、この世界のできごとを物質から説明しようとすることで、それ以前のすべてを神から説明しようとする神学に対する批判として出てきた。フォイエルバッハの唯物論は具体的な感性をもった人間を重視するところがポイント。その点ではマルクスも影響を受けている。

マルクスは1845年『フォイエルバッハに関する11のテーゼ』というメモを書き、唯物史観を打ち立てた。フォイエルバッハの唯物論は静的で固定的だとされる。彼はそこに「歴史」という観点を付け加えた。人間がいる限り矛盾が起こり、それが乗り越えられ、新しい歴史が生まれる。だから歴史を唯物的に考えることは、社会に起こるダイナミックな動きを考えることになる。

04

社会主義者の本拠地フランスで大活躍！

マルクスのここがすごい！② 革命家・ジャーナリストとしての横顔

国王でさえも恐れる批判、攻撃と影響力

社会批判家としてのマルクスの行動はドイツ時代の1842年、『ライン新聞』に記事を書くことからスタートする。マルクスの主張は、とにかく攻撃的だった。相手の急所をグサリとついている。敵にかぎらず、仲間にいたるまで、批判また批判で、敵をつくりまくる。それに比例して、彼の影響力は強くなる。

その結果、州知事は彼を訴えかけるし、ついには、ロシアの皇帝ニコライ1世までも敵に回してしまい、マルクスは1843年『ライン新聞』を辞め、パリに引越する。当時、フランスは社会主義者の本拠地だった。ここでは哲学的な議論よりは、実践的な活動がなにより重要だった。彼は敵をどんどん増やしていって、やがてブリュッセルに追放される。

マルクスの代表作レビュー

哲学関係の代表作

「ユダヤ人問題によせて」「ヘーゲル法哲学批判序説」（1844年出版）

マルクスのもつ「人間的解放」という思想を、封建的社会を引き合いに出しながら主張。『資本論』への道を明確にした。

『ドイツ・イデオロギー』（1845-46年執筆）

マルクスとエンゲルスの共著。惜しくも、未完。が、「唯物史観誕生の書」とも称されている。分業による歴史の発展を示した１冊。

『哲学の貧困』（1847年刊行）

『共産党宣言』と『経済学批判』の下地ともいえる1冊。フランスのプルードンの著作『貧困の哲学』の経済学を批判した。

革命関係の代表作

『共産党宣言』（1848年刊行）

社会の歴史＝階級闘争の歴史とし、資本主義は世界化し、世界的規模で階級闘争が展開することを示した。

『ルイ・ボナパルトのブリュメール十八日』（1852年刊行）

フランスの第二共和制の後、ルイ・ボナパルトのクーデターが成功。独裁権力が国民の支持を得る。その権力掌握の経過を分析する。

『フランスの内乱』（1871年刊行）

史上初の労働者の政権、パリコミューンは、「血の１週間」を経て、悲惨な末路をたどる。マルクスは、この経過に独自の分析を加え、擁護している。

1848年の革命で労働者は救われなかった

１８４６年、マルクスはエンゲルスの協力を得て、共産主義通信委員会を設立しようとした。そして翌47年には委員会は共産主義者同盟のブリュッセル支部となる。その綱領として書いたものが、「あらゆる地域のプロレタリアートよ、団結せよ」が結びになっている『共産党宣言』だ。

この宣言が発表された同じ１８４８年、フランスの二月革命、ウィーンの三月革命、ベルリンの三月革命など各国で革命が起こる。マルクスはそれらの革命に期待したが裏切られる。さらに深く革命の可能性を探るなかで、経済学の研究に没頭していった。

05 ついに資本主義の総本山、イギリスへ！

マルクスのここがすごい！③ 経済学者としての横顔

20代前半から経済学研究は始まる

マルクスの経済学研究が本格化したのは、1849年にパリからロンドンに移ったのちのことだ。しかしマルクスの経済学研究はもっと前のドイツ時代までさかのぼる。

マルクス自身の言葉によれば、彼の経済学研究は1842年、『ライン新聞』で農業に関心をもっていた頃に始まる。またエンゲルスの論文「経済学批判大綱」とプルードンの『所有とは何か』の影響が大きい。1844年からエンゲルスとの交友が始まるが、そこで得られた知識や刺激をもとに、経済への関心を深めていった。

ロンドンで大英博物館に通いつめる

★ マルクス経済関係代表作

『経済学・哲学草稿』(1844年執筆)

若きマルクスは、その鋭い洞察力をもって、弱肉強食の資本主義社会に広がる「労働者の疎外」について言及した。労働者へ向けて、真の人間解放への道を示した1冊。

『賃労働と資本』(1849年刊行)

給料（労賃）とは何なのか？　どうやって決定されるのか？　それが労働者の再生産費である。給料の決まるメカニズム分析が凝縮。『新ライン新聞』にて掲載されるが、その後すぐ国外追放となる。

『経済学批判』(1859年刊行)

『資本論』『共産党宣言』と合わせて、マルクスの三大著作のひとつといえる1冊。「価値」や「貨幣」といった抽象的な概念を、体系立てて述べている。貨幣論は最も充実している。

『賃銀・価格および利潤』(1865年執筆)

『資本論』の読解にも役立つ、マルクスの第1インターナショナル中央委員会での講演をまとめた本。ある委員が、賃金引き上げの無益さと、労働組合の有害さを主張するが、これに対するマルクスの猛反撃が見物だ。

ロンドンでは、1日8時間も大英博物館に通いつめて、経済研究を行なった。マルクスは悩みに悩んでいた。テーマがでかすぎたのだ。しかも研究すればするほど新しい課題が見つかった。その間、大量の資料を読んでは膨大なメモを取り続けたのだが、なかなか執筆は進まなかった。

また革命家としての彼は、活動によってさらに原稿を書く時間がなくなっていく。体調も悪かったようだ。

そして文字どおり、身を削る思いで書き進めた原稿を、66年には清書できるようになっていたという。そこから1年。マルクス自身、苦しんで生んだ子どもをなめ回すように、自らの仕事に打ち込んだ。そうして完成したのが『資本論』である。

COLUMN

『資本論』読破のコツ

難しい・長い……でも、コツをつかめば読める!?

道に迷ったら目次に戻ろう

『資本論』を読破することは、いわばエベレストを制覇するようなもの。その挑戦には、道しるべとなる地図が欠かせない。『資本論』においては、目次がいわば地図というわけだ。

『資本論』のなかでは、話題はあちこちにそれる。それを追いかけていると、自分が今どこにいるのかわからなくなることがある。そんなとき、現在読んでいるところの目次を見返そう。たとえば「第一篇　商品と貨幣　第三章　貨幣または商品流通　第三節　貨幣　b　支払手段」というタイトルを見返して、「ここでは商品流通における支払のことをいってるんだな〜」と確認する。また、目次にはかならずその章や節のテーマとなるキーワードが使われている。キーワードを意識して集中的に目次を読むだけでも、全体の流れはだいたいわかる。

とにかく先に進むこと

マルクスの文体は回りくどいことと同時に、しつこいことも特徴だ。つまり重要なことはくり返し説明する。だから、とにかく進んでいけば、重要なことがさらにくわしく説明されていることが多い。「最初にこの説明しろよ」といいたいほどだ。

とくに注意すべきは第1章。最初のツカミのはずだから、ガッツリ読まなきゃ……と思うのは、つまずきのもと。じつは、マルクス自身「第1章が一番難しい」といっているように、改訂のたびに加筆され、どんどんボリュームも難解さも増したのだ。それでも、気にせず進む。しばらく進むと「そういうことか！」とわかる瞬間がきっとくるはずだ。

第2章
ざっくりわかりたい人のための
『資本論』入門
DAS KAPITAL

ここからは、いよいよマルクス畢生の大著『資本論』の世界へみなさんをご案内。この章では、マルクス自身が執筆した『資本論』第 1 巻の全 7 篇 25 章の流れに沿って、各パートの核をぎゅっと凝縮している。マルクスが解き明かした資本主義社会のしくみ、労働者を苦しめる問題点、資本主義の限界などなどは、まさに現代の私たちを取り巻く世界の解説でもある。『資本論』には、現代を生きるうえでの多くのヒントがちりばめられているのだ。

古典名作
資本論
しほんろん……？
どっかで聞いたような……
そういえば、あの変なおじさんが……
へんなおじさんです。
どきどき
難っ
なに、この文章、これ日本語!?
そうだよ
はっ!
誰……あの、おじさん!?
ここに書かれていることは、君のことなのだよ

こんなん読めるかーー！
文庫全9巻ですよ?!
君のこととかって言ってたっけ
ぱら
私はこの本を、なにか新しいことを学び、自分で考えようと志す読者を想定しているのである
──『資本論』第一版序文
……1日1ページなら
読めるかしら……

そもそも商品の「価値」ってどうやって決まるの？

「使用価値」と「交換価値」の違い

マルクスは、資本主義社会を分析するにあたって、商品から始める。

商品は使う人にとってなんらかの有用性が必要だ。チョコレートは胃の腑を満たし、ライターはタバコに火をつける。これは役立つという使用価値があるということだ。

商品は単に役立つだけではなく、ほかの人がほしがらなければならない。ライター生産者はチョコレートが食べたいが、自分で作るのは大変。だから本来自分が労働しなければ手に入らないものを、自分が作るモノと交換する。ライター3本とチョコ1枚を交換したならば、そのチョコは、自分がライター3本を作る労働と等しい価値をもつということだ。

このように、ほかの商品との交換関係に表われるのが、交換価値。つまり商品には使用価

★ 使用価値と交換価値の違い

値と交換価値がある。

使用価値では商品の質が、交換価値では量が問題になる。この二つの価値を計る尺度が違うことが、大変重要なポイントになる。

交換価値を決めるのは労働の量

この2種類の商品の価値を生み出す人間の労働にも、じつは二つの種類があるとマルクスはいう。

商品の価値は
人間労働そのものを、
すなわち人間労働一般の
支出を表わしている。

で、その二つとは要するに「質としての労働」と「量としての労働」だといえる。たとえば、ライターとチョコレートを作る労働はそもそも質が違う。ライターにはライター製造の特殊な技術があり、お菓子にはお菓子を作る特殊な技術が必要なのだから。

しかし、それら質の違う労働にも共通するものがある。その共通のものさしが、量としての労働だ。

ここでいう量としての労働とは、どんな仕

事かはさておき、人が汗水たらして働くことそのもの、といえよう。その労働は時間、つまり量によって計られ、例でいうと1枚のチョコレートを作るには、1本のライターを作るのに3倍の労働時間が必要だということになる。

マルクスは個人の差をならした、「平均的な労働力」を基準にしている。ただし、その〝平均〟は科学技術の進歩の度合いなど、社会の状況によって変わってくるものとした（社会的平均労働）。汗水たらして働くことこそが、商品の価値を決める。そしてこの抽象的な価値をめぐって、『資本論』は延々と考察していくのだ。

上級編 『資本論』用語まめ辞典

■ 使用価値

人間の欲求を満たす、なんらかの実用的な価値。たとえば空気や水も、人間の生存を支えるという使用価値がある。

■ 交換価値

ある商品が別の商品と交換される比率によって表わされる価値のかたち。この比率は量で表わされ、たとえば3本100円のライターの1本は、1枚100円のチョコレートの3分の1しか交換価値がないことになる。

■ 社会的平均労働

科学技術の水準など、ある社会に特有の条件のもとで、ある生産物を作るために必要になる一般的な労働。同じものを作るにも、条件の変更により、その社会で必要な労働の量が変わる。

02

第1篇　商品と貨幣
第1章　商品-2

商品の価値はどうして「お金」で表されるようになった？

価値はほかの商品との関係に表われる

マルクスにとって、商品は「神秘的」であり、不思議でしかたがなかった。なかでも最も「？」なのが、その価値について。その不思議さは、たとえば「お母さん」という存在に似ている。あなたのお母さんは、あなたがいなければお母さんではない（あなたは一人っ子だと考えてね）。固有名詞をもった○子さんであるだけだ。しかしあなたとの関係のなかで「お母さん」になる。同様に商品も、単なる生産物だったものがほかの生産物との関係のなかで価値をもち、商品になる。これを商品生産関係という。

具体的にいうと、商品の価値は別の商品の価値で表わされるということ。ウシ1頭は米3俵と同じ値打ちだ、というように、商品の価値は、ほかの商品と比べたときにしか確認

★価値はくらべないとわからない

チョコ１枚ぶんの
価値
牛１頭ぶんの
価値

商品の価値は
別の商品との関係に表われる

★商品が商品になるのは「売れた瞬間」

売れる前
売れた瞬間
売れたあと
100
このときライターは
単に「使用価値」
このときだけ
生産物が商品となる
ライターは単に
役立つものになる

できない。これはちょっと乱暴にいえば、売られるために作られるものが商品だということだ。売れる、ということは、ある商品を同じ価値のお金と交換すること。そしてお金も商品の一つだ。

商品はもともとそこにあるのではない！

ただしマルクスは、商品の価値は商品同士の交換で結果的に生じるものだという。つまり商品は売れるために作られなければ商品じゃないということだ。

ある人は米を1000円で売り、そのお金で薬を買う。これは米生産者が薬生産者と、お金を介して商品を交換したことになる。売れることを目的としない米や薬は商品じゃない。売れることを目的としなければ「価値」がないことになるのだから。

> 彼らは、その各種の生産物を、
> 相互に交換において価値として
> 等しいと置くことによって、
> そのちがった労働を、
> 相互に人間労働として
> 等しいと置くのである。

米を作る労働と薬を作る労働はぜんぜん中身が違う。質の違う労働だ。が、商品として並んだとき、その異なる労働に共通する要素があることになる。それが人が汗水たらして働いた労働、ということで、その労働の量（時間）が価値を生んだことになる。

商品として売られる生産物には、あらかじめ社会的な平均労働が含まれている。そしてお金は、その社会において、ある商品を作るために必要になる労働の量をズバリ表わす。

まとめよう。商品交換には、その価値＝量としての労働＝お金、という三位一体の関係が生じる。しかし、それを作り出すのが商品関係であり、それこそが謎なのだ。

ちなみにマルクスは、人が商品の使用価値より値段ぶんの価値＝お金のほうに興味を示すことを、「物神礼拝（フェティシズム）だ」といっている。

上級編 『資本論』用語まめ辞典

■ 相対的価値形態

ほかの商品とくらべた価値のこと。商品はそれ自体でみずからの価値を表わすことができない。別の商品（お金に限らない）で価値を表示する。

■ 等価形態

相対的価値形態を表わす、価値のかたち。商品A＝商品Bだとして、商品Aの相対的価値形態を表わすのが商品Bで、このとき商品Bは等価形態というかたちをとっている。この一般的なものがお金。

■ 貨幣形態

要はお金。等価形態の最も進んだかたち。本来、価値の表示には、お金を使わなくてもよい。百円ショップの商品は同じ値段であることで、たがいにそれぞれの価値を表示しあう、等価形態だといえる。

お金は商品と一緒に生まれる双子の兄弟？

もしも、お金がなかったとしたら……

マルクスの話をもとに、物々交換が行なわれるシチュエーションを考えてみよう。

ライター生産者はチョコレートがほしい。街を歩き回って、チョコ生産者を探す。ようやく見つかったので、交渉スタート。はじめはライター1本から。チョコ生産者は話にならない、という。甘くないようだ。では2本。納得しない。ということでようやく、ライター3本とチョコ1枚を取り換えっこした。

チョコはライター3本の値打ちがあったということだが、このとき、ライターがお金とほとんど同じ役割（等価形態）を果たしていることがわかる。

商品の価値はそれと交換される商品の量で表わされる。チョコの価値（相対的価値形態）

★ 商品の２つの価値は交換の現場で現われる

★ 金属がお金にふさわしい３つの理由

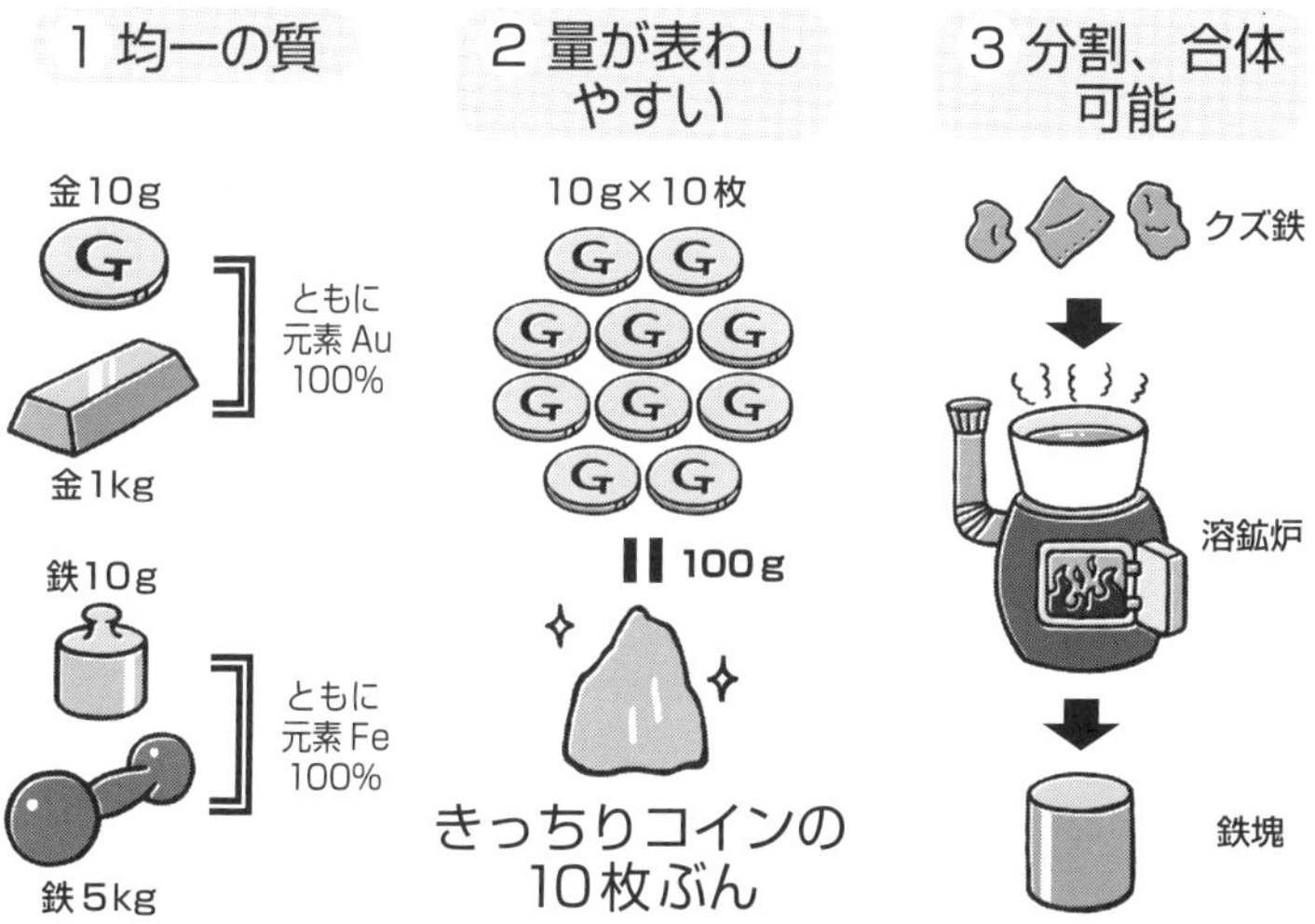

は、ライターの使用価値（等価形態）で表現される（チョコ生産者がほしいのはライターの使用価値だから）。ということで商品交換の現場では、ひとつの商品にあるとされる二つの価値（使用価値と交換価値）が、二つの商品に分割されて表わされる。

「あれっ!? 金属ってお金にいいじゃん!」

このように、商品の価値を表わす等価形態は、絶対にお金じゃないとダメだというわけではない。が、とマルクスはいう。結局はある商品が必然的にお金になるのだ、と。

先の例をもう一度見直してみよう。普通に考えてメンドーだよね。ライター生産者が次に、ライターをコップやボールペンと交換したくなったとしよう。交換した価値はライターの売上金にあたる。彼は次に何かほしいとき、あらためてコップをほしがる人を探し、また別のときはボールペンをほしがる人を探さなくてはならない。そうした人がいなければコップやボールペンにはなんの価値もない。

なんか、商品の価値を一般的に表わすもの

> 困難は、貨幣が商品であるのを理解することよりも、商品は、いかにして、なぜに、何によって、貨幣であるかを理解することにある。

はないのか？　また、どの商品に対しても交換できるものはないのか？

マルクスは続ける。「金と銀はほんらい貨幣ではないが、貨幣はほんらい金と銀である」

なぜ金と銀など金属がいいか？　理由としてマルクスが挙げたのは、①大小にかかわらず均一の質、②量が表わしやすい、③分割、合体しやすい、の3点。

以上のように、商品の発展にはかならずお金の出現がともなう。つまり商品とお金は、商品生産社会という親をもつ双子の兄弟だともいえるだろう。

このお金が、やがて資本になる。

上級編『資本論』用語まめ辞典

■ 商品所有者

商品を自分のもち物としている人。お金も商品の一つなので、お金を使って買ったり、売ったりすることも商品所有者同士の商品交換だ。商品交換において商品所有者はおたがい対等にフェアに取引する（等価交換）。したがって労働力を売る労働者とそれを買う資本家は、市場においては対等の関係であるはずだ。

■ 共同体

一定の価値観を共有した集団。共同体内部では商品交換が発生しない。マルクスは、商品交換は共同体と別の共同体が接するところに始まる、という。つまり、共同体の余剰生産物を交換する所で初めて商品交換が生まれるというわけだ。

04

ところで「お金」っていったい何モノ？

商品は2度生まれ変わる

お金の役割は、商品の価値を表わすこと。つまり、商品にどのくらい人の労働が加わっているかを量で示してくれる。もう一つの役割は、価値の表示によって、商品の売買が便利になることだ。市場でのお金の役割を見てみよう。ライター3本は100円で売れた。その生産者はその売れた代金100円でチョコレート1枚を買う。この流れは、いい換えれば商品A→お金→商品B、と表わすことができる。商品は同じ値打ちのお金に変身し、のちにそのお金が別の商品に変身するのだ。

いったいこれの、何がいいのか？　最大のメリットは、売りと買いを時間的に、または場所的に分けることができることだ。

★ お金を使うメリット

1 売りと買いの時間を分ける

今日はたくさん売って明日チョコを買いに行こう！
ありがとうございます
ライターちょうだい！
ください！

2 売りと買いの場所を分ける

Chocolate Shop
ギブミーチョコレート！
ウェルカム！

★ お金の価値と商品の値段、労働量の関係

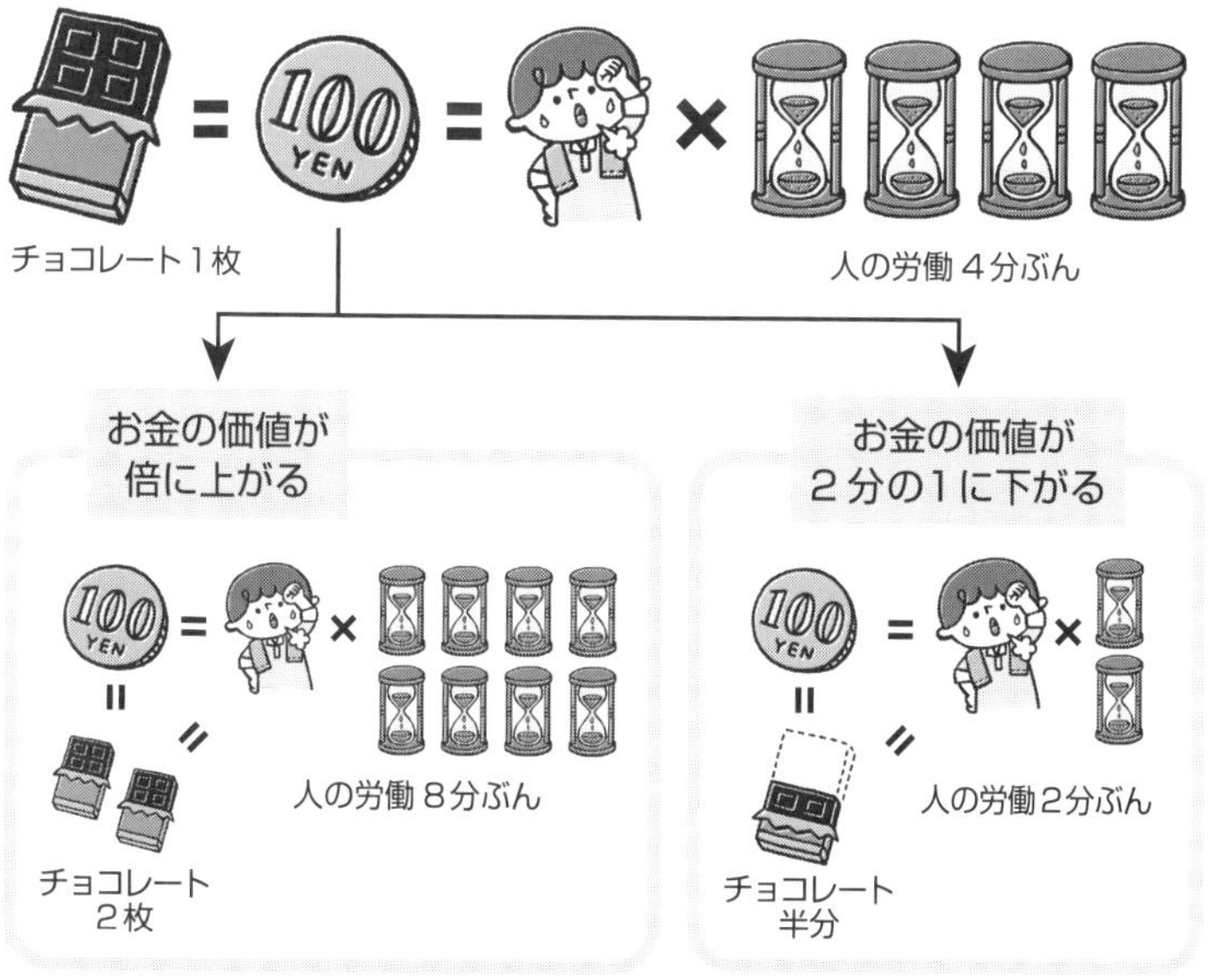
100 YEN
チョコレート１枚
人の労働 ４分ぶん
お金の価値が倍に上がる
100 YEN
人の労働 ８分ぶん
チョコレート２枚
お金の価値が２分の１に下がる
100 YEN
人の労働２分ぶん
チョコレート半分

お金を使わない物々交換の場合をちょっと思い出してみよう。ライター生産者はチョコレートがほしければ、同じくライターをほしがるチョコ生産者と出会わなければならない。が、お金を使うとあら便利。ライター生産者は誰でもいいからライターを売って100円を手に入れる。その代金でいつでもチョコを買える。チョコ生産者がその日その場所にいる必要はない。

やがてお金は値段（価格）だけを示すようになる

マルクスは、お金と価格を違った意味で使っている。商品の価値はお金で表わされるとしても、それがいくらの価格になるかは、また別問題なのだ。お金も商品であり、価格が変わる。たとえばお金の価値が半分になるとすると、今まで100円だったチョコレートは200円のお金と交換されないと割りにあわない。逆にお金の価値が倍になったとすると、チョコの値段は50円になる。社会全体でも同じで、お金の価値が下落→物価の上昇＝

> 貨幣による商品流通は、
> 生産物交換の時間的、
> 場所的および
> 個人的な限界をうち破る。

インフレ、お金の価値が上昇↓物価の下落＝デフレとなる。

また、マルクスは商品の価値は「頭の中での観念的なお金」で表わされる、という（価値尺度）。これは、お金がかならずしも、具体的な金属、つまり金や銀でなくてもよい、ということだ。ある商品の価値は、お金の量で示される。だからお金は本来その量だけが示されればいい。やがて実際に一定量の価値を表わす金の代わりとなるお札が生まれる。

そして現代では、金と交換できないお札（不換紙幣）が使われているが、なんの不都合もない。これはお金がもともと観念的に人の労働量を示すだけのものだったからだ。

上級編 『資本論』用語まめ辞典

■ 価格

「貨幣」はあらゆる商品の価値を表わすために使うもの。貨幣は金であるが、実際の流通ではかならずしも金属でなくてもよい。

対して「価格」は一定量の価値の大きさを表わす具体的な金属の重さの量。価格は価値から分離することもある。

■ 鋳貨

流通の過程で実際に使われるコインのこと。つまり具体的に量で価値を表わすお金で、金属の重さを表わす。鋳貨は使われることによってすり減ってくる。となると、そのコインに書かれた金属量（＝重さ）と実際の重さにズレが生じてくる。こうしたことから価値の量を表わすだけのお金＝紙幣（価値章標）が生まれてくる。

05

第2篇　貨幣の資本への転化
第4章　貨幣の貨幣への転化

「お金」はどこで「資本」に変わる?

資本の出所はいったいどこ?

資本とはお金を生むお金だ。つまり増殖するお金。その出所を求めて、マルクスは次に商品の売買を分析する。そのプロセスとは、商品A→お金→商品B。つまり「買うために売ること」だ。ここではある価値の商品がお金に変身し(売り)、お金が同じ価値の商品に変身する(買い)。商品Aと商品Bは姿こそ違えど、価値は同じ。

この過程をちょっと変えれば資本が姿を現わす。

お金→商品A→お金＋α。これは「売るために買うこと」だ。たとえば100円でライター3本を買い、それを110円で売る。あら不思議、お金が増えた。これが資本だ。

これ、サギじゃないの?　と思う人もいるかもしれない。マルクスはすでに「商品の交

★ 資本は「売るために買うこと」から生まれる

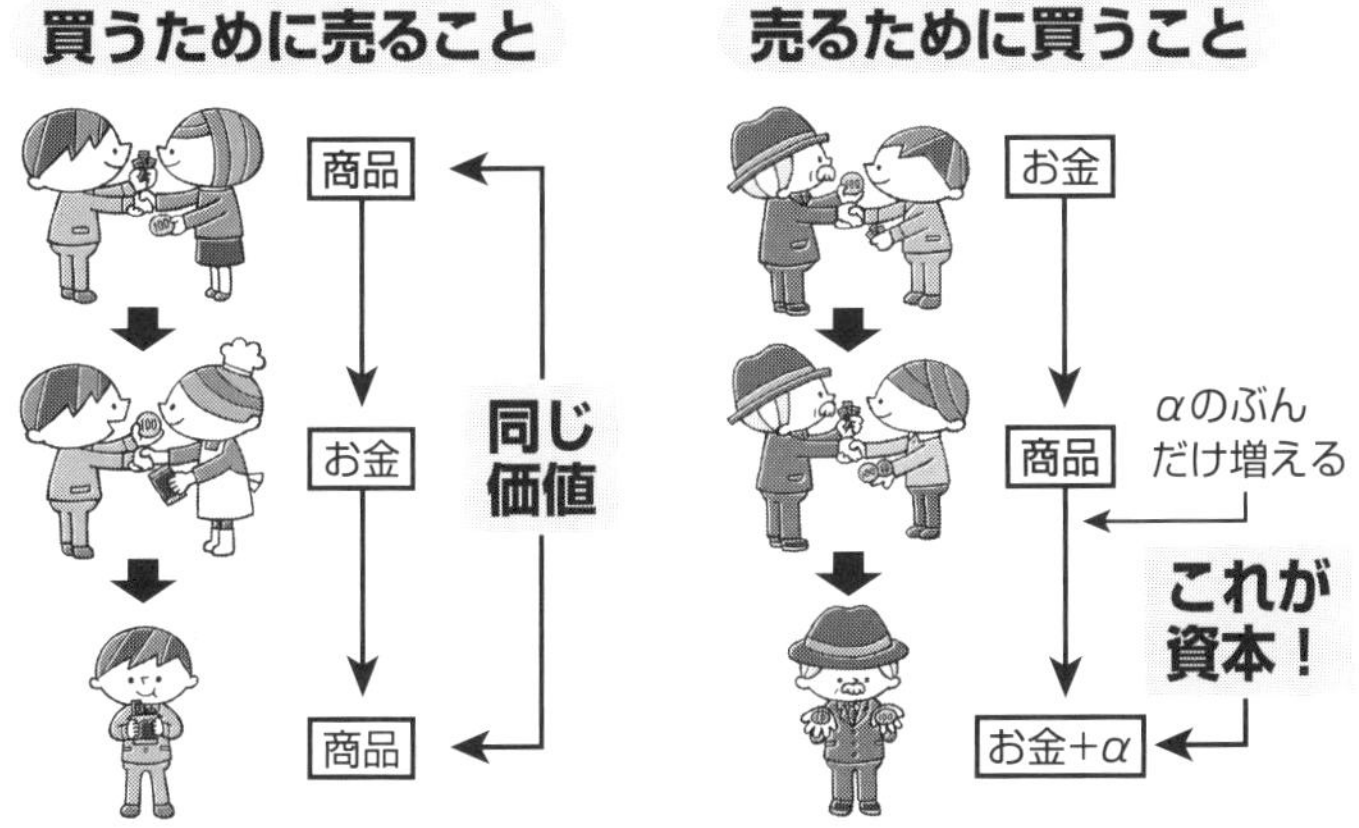

★ 資本主義社会では、生活費（再生産費）が労働力の価値を決める

人々は生活に必要な食物、服、家などをすべて自分あるいは共同体で生産する。

人々は自分にとって役に立たない商品をたくさん作り、それらを売って生活費を稼ぐ。

換（売買）は同じ価値のもの同士を取り換えること」（等価交換）だと指摘していたはずだ。では、なぜお金が増えるのか？　マルクスはいう。資本は市場の外で生まれる。そう商品をつくる現場、すなわち、商品を生産する工場だ。

労働者が雇われることが資本誕生の秘密

資本は、「労働能力」という特殊な商品をもつ売り手が市場で資本家と出会い、売買契約を結ぶことから生まれる。つまり労働者が雇われることだ。

労働者とは、労働能力以外売る商品がない売り手をいう。

資本は、生産手段および生活手段の所有者が、自由なる労働者を、彼の労働力の売り手として市場に見出すところにおいてのみ成立する。

ハンバーガー店の労働者は、どれだけ多くのハンバーガーを売っても、その売上げでお金を稼いでいるのではない。彼は、ハンバーガーを作ったり売ったりする労働能力を雇い主に売ってお金を得ている。つまりマルクスがいう労働者とは、今でいうごく普通のサラリーマン（賃労働者）のことだ。

この労働能力という特殊な商品にも、使用価値と交換価値がある。ただしこの場合の使用価値はちょっと特殊で、価値を生み出す機能のことである。

そして労働能力の価値は、ほかの商品と同じく、売られる価値で決まる。その交換価値とは、彼の働く能力を維持するために、適度に、食う、寝る、学ぶ、遊ぶことに必要な額を意味する。非商品生産社会では、衣食住を満たす生産物を労働者みずからが生産するのだが、商品生産社会（とりわけ資本主義社会）では、労働で稼いだお金でそれらをまかなう。生活費（再生産費）は、1カ月15万円などと、お金がかかる。この生活費が働く能力の価値を決める。

上級編 『資本論』用語まめ辞典

■ 労働力

人間が頭脳と筋肉を使い、モノを役立つものに変化させる力。労働力と労働が異なることに注意しよう。労働者が売るのは労働ではなく、労働力である。

■ 生活手段（再生産）

食べ物、衣服、住居、冷暖房など、労働者が継続的に労働力の価値を維持するために必要なもの。商品社会である資本主義体制では、労働者は特定商品を生産することで、生活手段を作り出す。

その必要量は社会の歴史的な発展段階によってある程度決まっているとマルクスはいう。したがって社会的平均労働力の価値も社会によって決定づけられている。

06

第3篇　絶対的剰余価値の生産
第5章　労働過程と価値増殖過程

「プラスαの価値」が生まれるしくみって？

量としての労働がプラスαの価値を生み出す

労働能力という商品の特殊性を解明したマルクスは、次に資本発生のカギとなる「プラスαの価値」と労働の関係の分析を始める。

使用価値を生み出す質としての労働は、人類発生以来ずっと変わっていない。米を作る、チーズを作る、ライターを作る――これらはすべて人間にとって役立つものを作っているわけだ。

が、量としての価値を生み出す労働は商品生産に特有の労働だ。労働の具体的な内容ではなく量としての労働をみれば、抽象的な量としての労働が残る。そしてこの労働が資本家に管理されるとき、「プラスαの価値」を生み出す源泉となる。

★「プラスαの値打ち」が生まれるしくみ

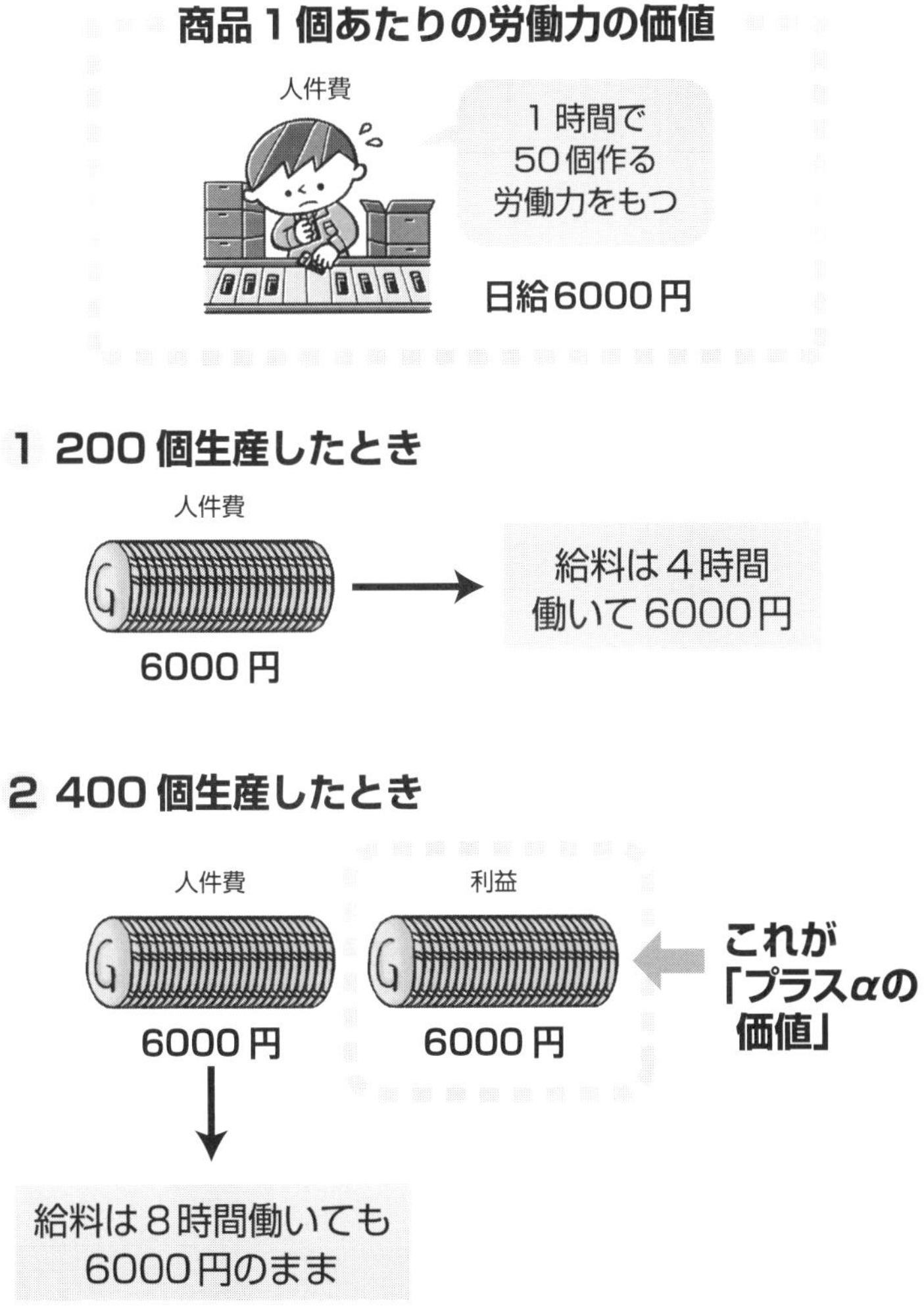

労働能力の価値とその使用価値との差

労働者は労働能力を売る。それは、たとえば労働能力の維持費が1日6000円として、その値段でライター工場に雇われるとする。

たしかに労働力の価値は6000円だが、労働力の使用価値は6000円ではない。当然それ以上に働いているのだ。

マルクスが、プラスαの価値の源泉を労働力に見ているのは、労働能力という商品は、交換価値よりも使用価値のほうが大きくなるという特殊な商品だからだ。

労働力の価値と、
労働力の使用価値とは、
二つの異なる
大いさである。

さっきの例でいうと、彼は1日6000円で雇われていて、8時間働くことができる。ただし8時間働いたとしても、その賃金が8時間分に対して払われているのではないということである。

むしろ6000円は4時間分の生活手段の額であり、さらに働いた4時間分が支払われていないのだ。

この差額こそ価値増殖の秘密である。

要するに労働力の価値とは、働いた時間すべてを意味するのではなく、再生産の費用を意味するだけなのだ。

このことはとりわけ重要だ。通常労働者は労働すべての代価を労賃と考えるからである。ところが、労賃は売り渡した労働の代価ではなく、労働者の再生産費で決定されているのである。

上級編

『資本論』用語まめ辞典

■ 剰余価値

貨幣は、資本として投資され、労働力、生産手段を購入する。そして結果として投資した以上を獲得する。それが剰余価値である。この剰余価値は、生産手段からではなく、労働力の使用価値と交換価値の差額から生まれる。

■ 労働対象

人間にとって役立つもので、自然にあるもの。水や魚、自然に生えているくだものなど。労働によってこれらに手を加えて商品になる。

■ 労働手段

労働に役立つ道具。米生産者にとっての鍬、漁師の網、事務員のパソコンなど。

07

機械や原材料は、商品の「価値」に影響しないの?

原材料などの価値は労働を通じて生産物に移転されるのみ

ところで、資本主義社会での商品の生産には労働だけでなく、材料や機械が重要になってくる。そこでマルクスは次に資本の内訳の解明に取り組む。商品の材料や機械は、資本家がほかの資本家から購入する。つまり、材料や機械もまた商品なのだ。

商品生産における労働にある二つの種類の一つ、質としての労働は、この原材料や機械のもつ価値を、彼が作る商品に移し替える。たとえば材料費に6000円かかったとすれば、新しい商品には、6000円が移動する。

しかし、機械などは長持ちする。その場合、その機械の価値は一度に移転するのではなく、徐々に移転する。

★投資から商品完成までのプロセス

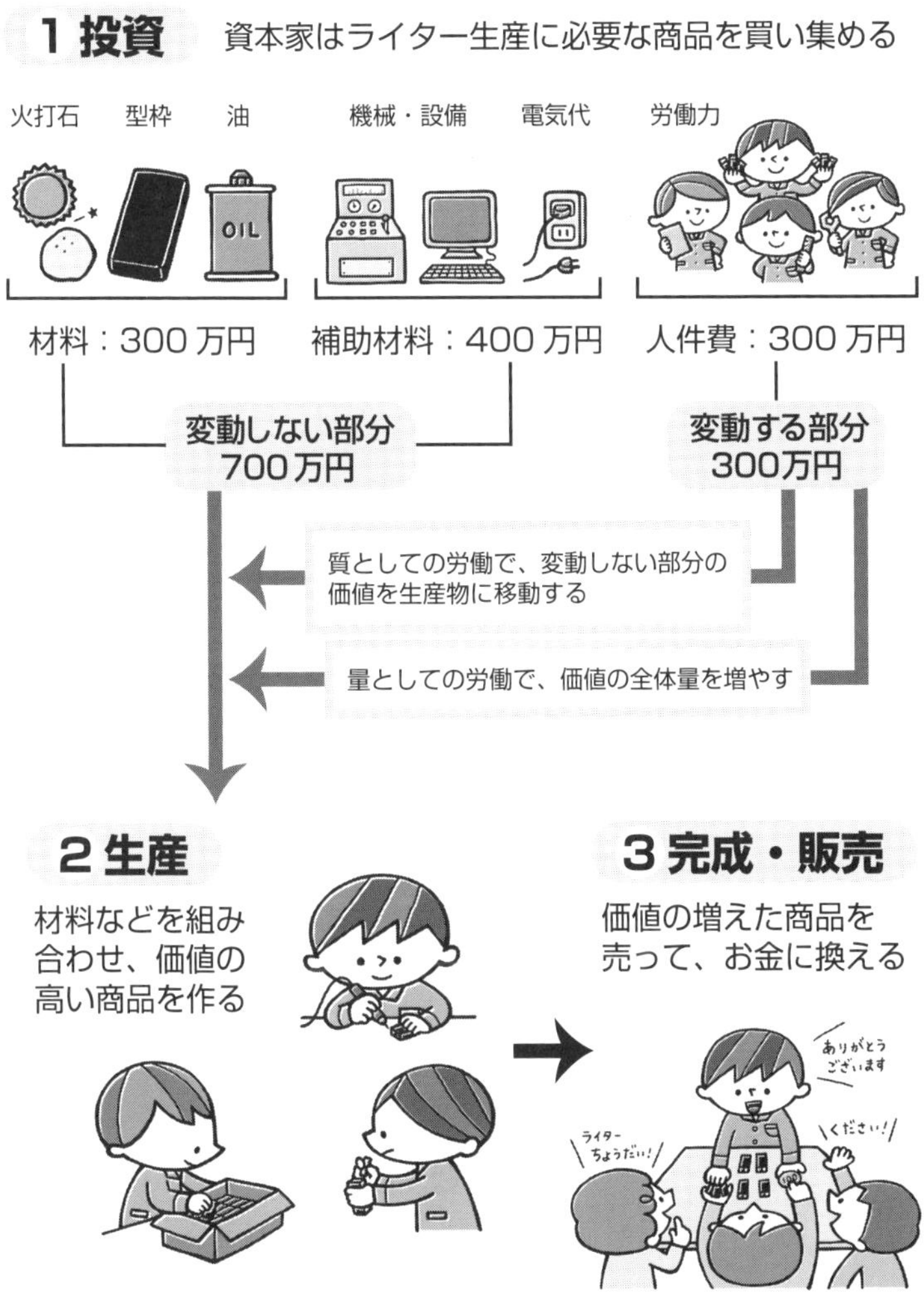
1 投資
資本家はライター生産に必要な商品を買い集める
火打石
型枠
油
OIL
機械・設備
電気代
労働力
材料：300 万円
補助材料：400 万円
人件費：300 万円
変動しない部分
700万円
変動する部分
300万円
質としての労働で、変動しない部分の価値を生産物に移動する
量としての労働で、価値の全体量を増やす
2 生産
材料などを組み合わせ、価値の高い商品を作る
3 完成・販売
価値の増えた商品を売って、お金に換える
ありがとうございます
ライターちょうだい!
ください!

これは減価償却の考え方だと思えばいいだろう。税金の計算では、機械や設備ごとに、経験的に役立つ期間が決められており、たとえばパソコンは4年間もつとされている。パソコンが10万円だったとすれば、10万円÷（365日×4年）で、1日約68・5円の価値が使われていることになるわけだ。

資本の「変動する部分」と「変動しない部分」

資本家は、商品を作るのに、ザックリいって、①材料、②電気代などの補助材料、③設備費、④人件費、に投資する。材料と補助材料、設備費の価値は、もともと商品であり、その価値がこれから作る商品に移動するだけだ。いっぽう人件費で買う労働者の能力は、価値を生み出すという特殊な働きがある。つまり価値を増やすことができるのだ。これがプラスαの価値の源になることは前の項目で話したとおり。

労働の単に量的な付加によって、
新たな価値が付け加えられ、
付け加えられた
労働の質によって、
生産手段のもとの価値が
生産物において保存される。

マルクスは、材料費や補助材料の資本の価

値を「変動しない部分」（不変資本）、人件費を「変動する部分」（可変資本）としている。

資本家はライター生産で、材料費300万円、設備費などに400万円、人件費300万円、投資したとする。このうち材料費＋設備費の700万円は不変資本部分、人件費の300万円が可変資本部分というわけだ。

この区分けはのちに、プラスαの価値が生まれるプロセスを説明するのにとても大事になってくる。

上級編『資本論』用語まめ辞典

■ 原料
労働対象のうち、生産物の材料になるもので、自然にあるものではなく、人の手が加わっているもの。魚の干物など。商品生産では、仕入れた商品が新しい商品の原料となることも多い。

■ 補助材料
機械や道具などを動かすために必要な材料。マルクスの例では、蒸気機関を動かす石炭、車輪に注す油、ウマに与える干し草など。

■ 生産手段
生産には材料と道具が必要。マルクスは材料を労働対象といい、道具や機械などを労働手段という。そして労働対象と労働手段をあわせて生産手段という。

生産手段に労働が加わって商品が生まれる。

08

第3篇　絶対的剰余価値の生産
第7章　剰余価値率

労働者はいったいどれくらいピンハネされている？

プラスαの価値÷資本の変動する部分

資本家は100円ライター生産で、1日に400個の商品を作り、全部売れたとする（売上げ4万円）。投資額は設備費や材料費に1万2000円。光熱費に1万6000円、人件費に6000円で合計3万4000円。利潤を6000円とする。

このとき、労働者の日給は6000円である。

この場合、設備費や材料費と光熱費は価値が移転するだけの不変資本部分にあたる。労働者の技術（質としての労働）で、その価値をライターへ移動させるためのものだ。その額、2万8000円。

そして人件費、すなわち労賃部分は新たに生み出された価値部分で6000円。プラス

★ 正しい「ピンハネ比率」の求め方

商品 1 個あたりの費用内訳
設備費や材料費、光熱費など（不変資本）
人件費（可変資本）
1 時間で 50 個作る 労働力をもつ 日給 6000 円の 労働者

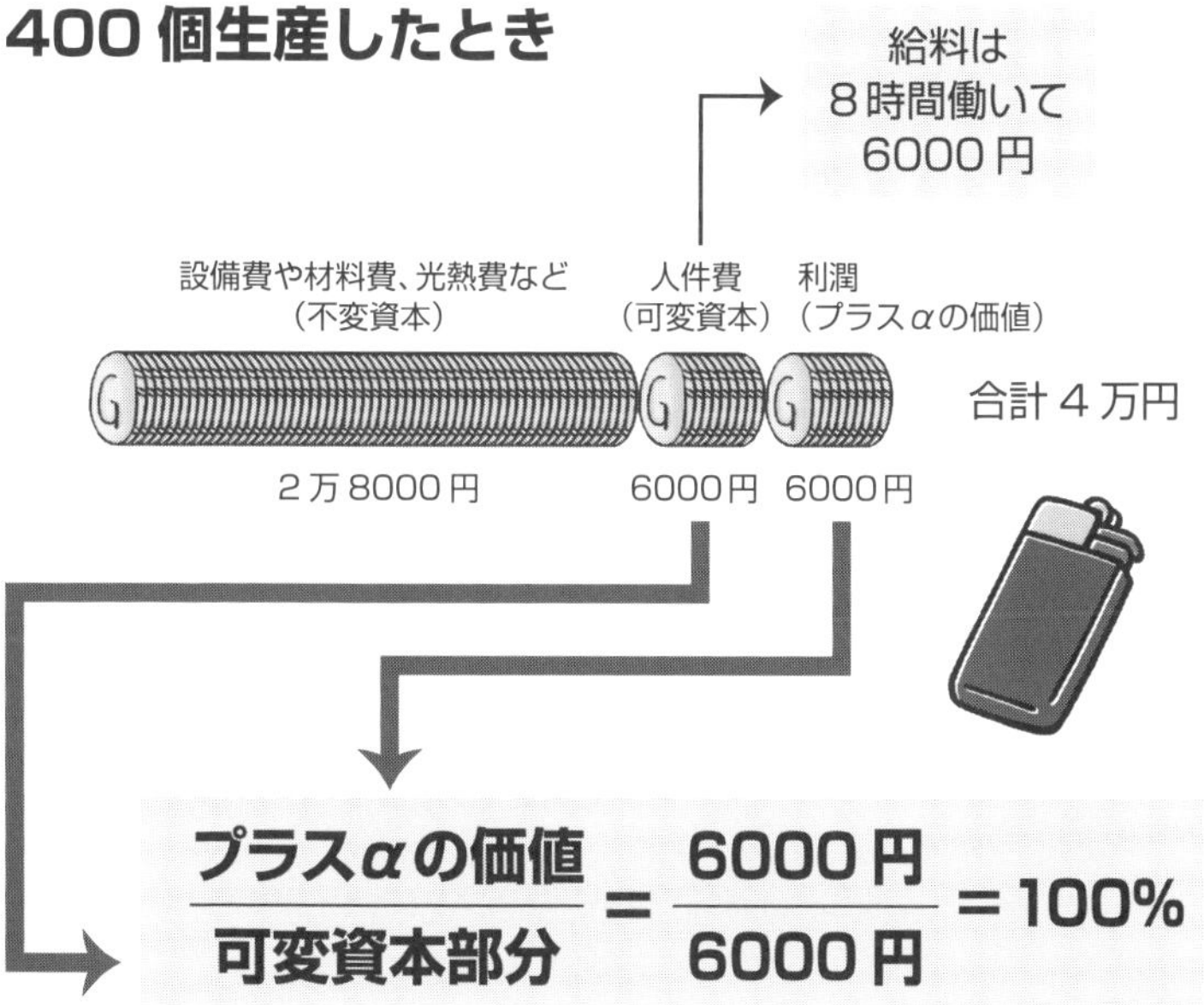
400 個生産したとき
給料は 8 時間働いて 6000 円
設備費や材料費、光熱費など（不変資本）
人件費（可変資本）
利潤（プラスαの価値）
合計 4 万円
2 万 8000 円
6000 円
6000 円
プラスαの価値 / 可変資本部分 = 6000 円 / 6000 円 = 100%

αの価値（剰余価値）が6000円。この生産現場で生み出された価値は実質、この二つだけだ。そしてその二つとも労働力が生み出したものである。

しかし、労働者に支払われるのは6000円である。6000円ピンハネされている。ピンハネ率は、6000円÷6000円の、100％となる。

このケースで労働者が働いていた時間は8時間。となると、はじめの4時間で彼は、自分の給料分の価値を生み出し、残り4時間でプラスαの価値を生み出したことになる。

利潤率とピンハネ率は別問題

> その比例量、すなわち
> 可変資本が増殖した比率は、
> 明らかに剰余価値の
> 可変資本に対する比率によって、
> 規定されている。

その結果を見た資本家はいう。「俺が投資したのは3万4000円で利潤が6000円なんだから、ピンハネ率は利潤÷投資額で17・6％だろ？」と。

それは単なる利潤率ですよ、とマルクスはいう。設備費や材料費、電気代の価値はこの工場の労働者が生み出したものではない。火打石は火打石工場で価値が付けられた。電気代も同じ。ライター工場の労働者は、もともと材料にあった価値を移動させただけだ。だからこれらの不変資本部分はピンハネと関係がないので無視してよい。

マルクスが問題にしているのは、労働者がどれだけの価値を生み出し、そのどれくらいを資本家がくすねているかだ。資本家が労働者に払っているのは、彼の人件費（日給6000円）だけ。それを元手に、プラスαの価値をどれくらい生み出すのかだけを問題にしているのだ。利益率で考えると、労働者がピンハネされている率は非常に低く見える。上の例でいうと本来100％のものが17・6％に見える。しかし、実際は100％なのである。

上級編 『資本論』用語まめ辞典

■ 必要労働

労働者の労働のうち、彼の労働力を再生産するのに必要な労働のこと。労働量は時間で計られるので、必要労働に割いた時間を必要労働時間という。

これは、労働者が生きるために「必要」な労働である。

■ 剰余労働

必要労働以上に支出した労働のこと。それにあてた時間が剰余労働時間という。いうまでもなくこれが剰余価値のもとであり、価値ではなく価格でみた場合には利潤という。

09

第3篇　絶対的剰余価値の生産
第8章　労働日

なぜ労働者はピンハネされ続けてしまうのか?

資本家いわく、だって儲かるんだもん

左ページの図のA~Cは1日の労働時間を示す。A~Bの必要労働時間とは、労働者が給料分の価値を生み出すのに必要な労働時間をいう。これが4時間だとする。

①のケースでは労働者は1日7時間働き、3時間分のプラスαの価値、つまり剰余価値を生み出した。②では1日9時間で5時間分の、③では1日12時間で8時間分の剰余価値を生み出した。そりゃ資本家は労働時間、どんどん長くするよね。どんどん儲かるのだから。これを絶対的剰余価値の生産という。

はたして資本家が悪いのか?

★労働時間はプラスαの労働時間によって延長される

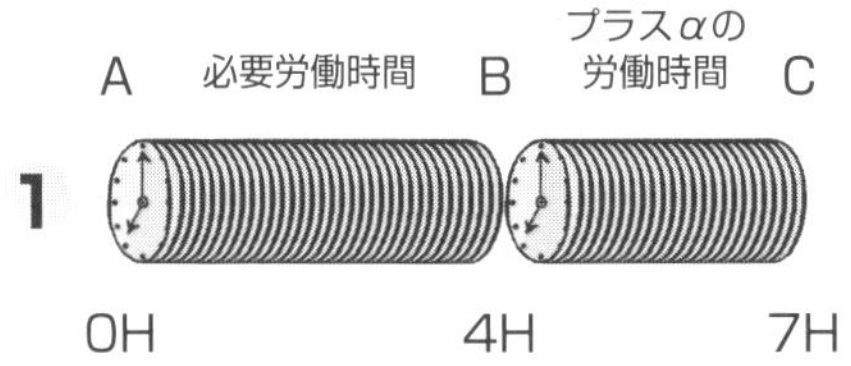

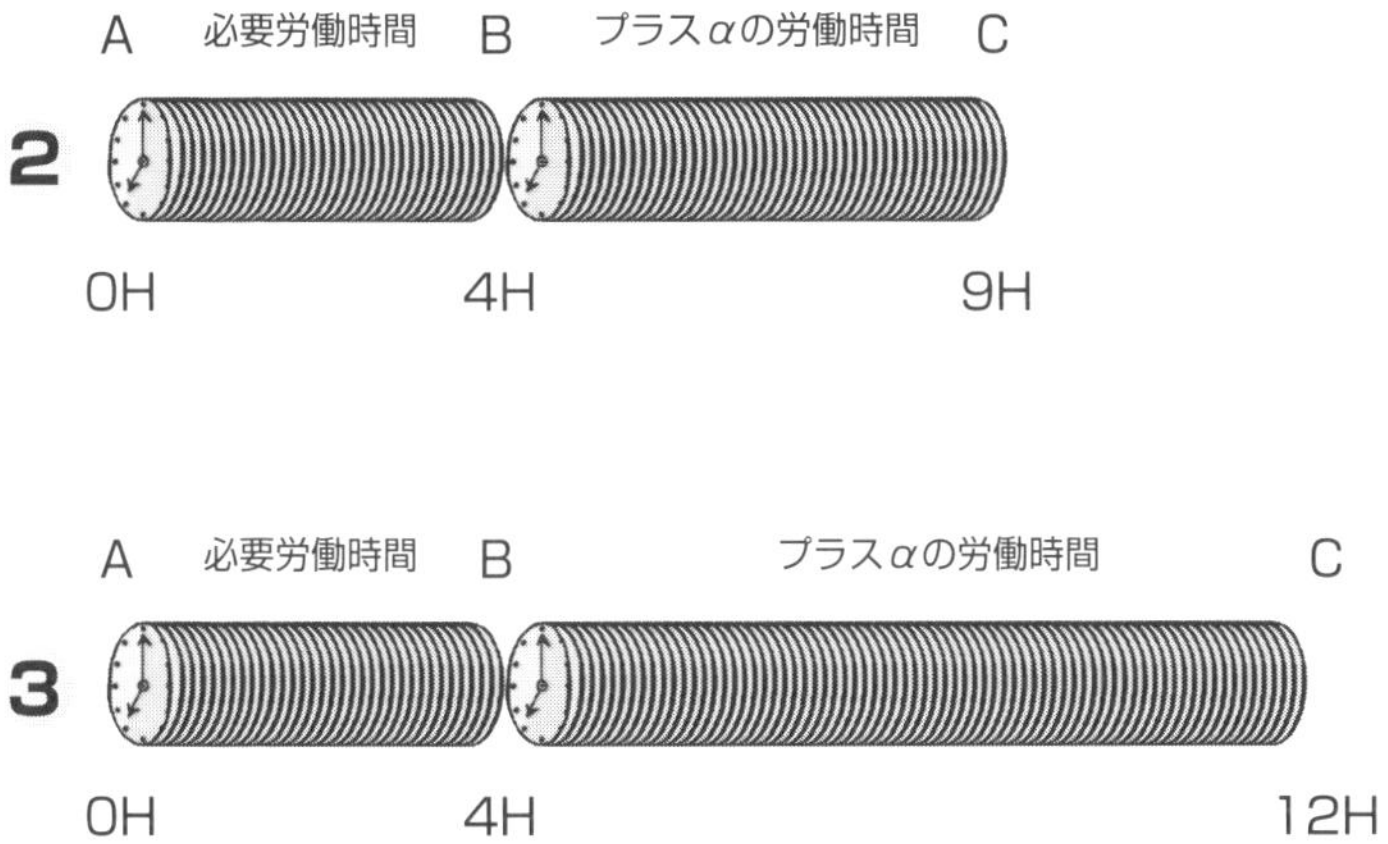

1日の労働時間は、A-Cの長さで表わす。
B-Cの長さが長ければ長いほど、多くの価値を資本家にもたらす。
必要労働時間は、前の項目でいった、資本の変動する部分にあたる。

労働者は雇われる際に彼の働く能力（労働力）を売る契約をした。労働者の受け取る賃金は、労働者が生み出すすべての価値にみえる。しかし、その価値は、資本家が能力に対して支払った価値よりも大きい。この労働力という特殊な商品そのものに資本家がピンハネできる謎があるのだ。

雇用契約を結ぶとき、資本家がズルをしているわけではない。どちらも条件を出し合い、公平に契約を結んでいる。そこに何の嘘もまやかしもない。

しかし問題は労働力という商品そのもののもつ矛盾だ。

労働者が売った労働力は、買い手である資本家のもの。これはほかの商品と同じ。ライターを買った人が、それをトンカチに使っても何も悪いことはない。資本家はただ、自分が買ったもの、つまり労働者の労働力の価値を最大限に引き出そうとする。そのことが労働時間のハンパない延長を引き起こすわけだ。

> 労働日は、
> 毎日まる二四時間から、
> それなくしては労働力が
> 絶対に再度の用をなさなくなる
> 僅かな休息時間を、
> 差し引いたものである。

労働者VS資本家仁義なき階級闘争

マルクスは、19世紀当時、最先進国だった大英帝国の労働地獄絵巻を渾身の筆力でえんえんと描き出す。それは1日12時間どころか、16時間労働というレベルだ。凄惨さは、6歳くらいの子どもや女性労働者のレポートに極まる。「同等な権利と権利とのあいだでは、力がことを決する」とマルクスはいう。

当然、労働者も黙っちゃいない。資本家階級と労働者階級の階級闘争の幕開けだ。

やがて、イギリスでは女性や子どもの労働時間をある程度規制する工場法が成立し、一定の歯止めがかかる。ただし皮肉なことに、そのことが現代にもある意味通じる、さらに厳しい状況へと労働者を追い込むことになる……。

上級編 『資本論』用語まめ辞典

■ 奴隷

労働力を商品とするのではなく、労働者そのものの身体が商品となっていること。

■ 徭役《ようえき》労働

封建時代において領主のために強制的義務として雇われること。つまり領主に使われるタダ働き。これはマルクスのいう搾取ではなく、権力の支配のもとで行なわれる収奪だ。

■ 工場法

工場労働者の労働条件を守る一連の法律で、イギリスでは1802年から始まり、33年、44年と改正。18歳未満の労働者の夜間労働の禁止や工場監督官による監視などが定められた。マルクスは『資本論』に工場監督官の報告を多数引用している。

資本家が儲ける量を増やすには？

でかいことはいいことだ！

プラスαの剰余価値についての分析を続けたマルクスは、一つの式にたどりつく（左ページ参照）。これは投資された資本によって生まれるプラスαの剰余価値の量を求めるものだ。

資本家はとにかく儲けたい。この式から、より多くの剰余価値をしぼりとるには、①労働者の数を増やすこと、②ピンハネ率（剰余価値率）を高めること、の二つの方法があるのがわかる。

たとえば剰余価値が50％に減少したとする。つまり、労働時間が8時間から6時間に減り、剰余労働時間が2時間、必要労働時間が4時間になったとする。そうなると剰余労働を大きくするには、労働者の数を増やすしかないことになる。

★ 資本家がピンハネする量を求める式

$$\text{ピンハネした量} = \text{1労働者の給料} \times \frac{\text{プラス}\alpha\text{の労働時間}}{\text{必要労働時間}} \times \text{労働者の数}$$

剰余価値率（上の分数）

↓

たとえば、労働者の日給が 6000円、必要労働時間が４時間、プラスαの剰余価値の労働時間が４時間（すなわちピンハネ比率 100%）、労働者が 100人とすると……

↓

$$6000\text{円} \times \frac{4\text{時間}}{4\text{時間}} \times 100\text{人}$$

ということで……

↓

ピンハネ量は１日、

60万円

もちろん労働者の数を増やせば、生産手段の量を増やさねばならなくなるので、剰余価値以上に出費が増えることになる。

図の例でいうと、6時間労働だとピンハネ率は2時間÷4時間で、50％に減る。資本家は労働者を3倍にして300人雇うことにした。すると、利益は90万円に増える。400人だと120万円だ。これは人が多ければ多いほど、より儲かるということになる。

でかけりゃいいってもんじゃない!

63ページで述べた、「可変資本」と「不変資本」を思い出そう。可変資本はいわゆる価値を生まないで、移転されるだけのもの、すなわち人件費、不変資本は設備費、材料費、補助材料を表わす。

資本規模が大きくなると、資本が増大する。つまり大量の原材料や莫大な額の機械・設備などに含まれる価値が増えるにともなって、大量の労働者が必要になってくる。いわば巨大な生産手段を維持するために労働者の数を

「たんなる量的変化が、ある一定の点で質的差異に転化する」

増やさねばならなくなる。

こうして、まるで機械が価値を生み出しているような錯覚が生まれるのだ。

じつはここまで話してきた資本主義は、まだ牧歌的といえるかもしれない。なぜならただ労働時間を延長するか、労働者の数を増やすだけだから。

本当の意味で現代の私たちにナマナマしく見えてくるのは、これ以降にマルクスが描き出す姿なのだ。

上級編 『資本論』用語まめ辞典

■ **絶対的限界**

必要労働時間が決まっているのに対し、剰余労働時間はいくらでも延長可能だ。しかし、1日の労働時間をどれだけ延ばしても24時間以上にはできない。それが資本の絶対的限界である。また労働者に労働力を再生産する適度な時間を与えないで酷使すれば、労働力の消耗が激しく、労働者の命は短くなる。

11

第4篇　相対的剰余価値の生産
第10章　相対的剰余価値の概念

もっと賢く「プラスαの価値」を増やすには？

効率アップでさらなるプラスαを！

プラスαの価値を労働者からしぼりとる方法は、1日の労働時間をとにかく長くすること（絶対的剰余価値の生産という）。

が、工場法などが成立すると、労働者を馬車馬のように（実際は馬以上だったのだけれど）長時間働かせることは難しくなる。

そこで、1日8時間労働が義務づけられたとしよう。そうすると剰余価値率を引き上げるには労働を強化するしかなくなる。

だから資本家はこういう。

「効率を上げなさい」。

★生産性を上げてピンハネ量を増やすプロセス

1 通常の8時間労働の場合

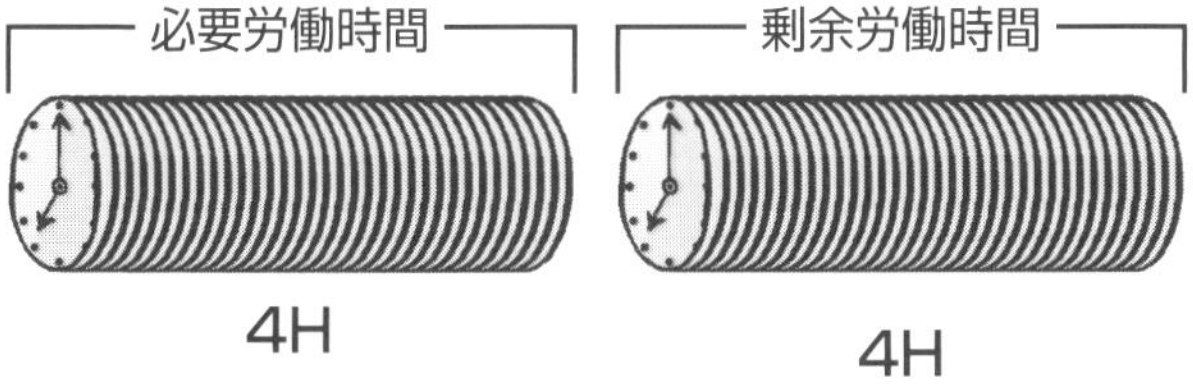

2 機械を導入して労働を強化した場合

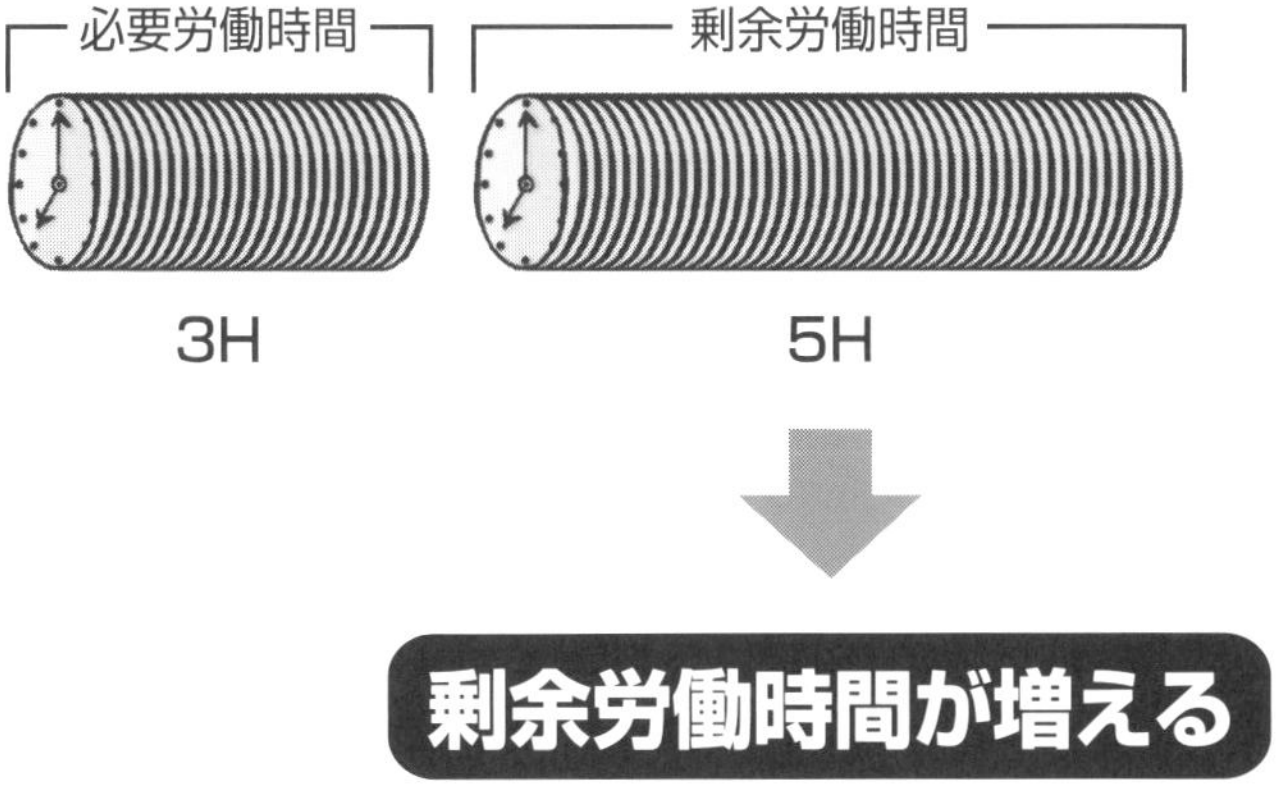

すると、以前にくらべて労働時間は減るが、効率アップにより、生産能力は高まる。その結果、必要労働時間は減少し、逆にプラスαの剰余価値は増大する。

しかし、必要労働の割合の減少は、労働者に支払われる賃金の時間が短くなることを意味する。それは労働者の再生産に要する費用が、生産量の増大によって、少ない時間で可能となったからである。

労働強化によって剰余価値を引き上げること、これを相対的剰余価値の生産という。

生産性を強化して商品の値段を下げ、売上げを伸ばす

> 商品の価値は、
> 労働の生産力に反比例する。
> (中略)これに反して、
> 相対的剰余価値は、
> 労働の生産力に正比例する。

相対的剰余価値の生産が高まるのは、単に労働時間の限界があるからではない。

資本はつねに競争にさらされているので、他の企業との競争という点から見て生産力を上げねばならない。

生産力を上げるには、生産性の高い新しい機械を導入する必要がある。こうして他の企業の利潤を奪うべく、新しい機械を導入する

ことになる。この奪うべき利潤を超過利潤という。

他の資本に対して超過の利潤を得るために生産力を増大させることが、機械の導入、結果として労働強化となって現れ、必要労働時間が短くなり、剰余価値、利潤が大きくなるのである。

もちろん、こうした超過利潤の優越も、他の企業が新しい機械を導入することで終わる。

上級編 『資本論』用語まめ辞典

■ 生産力

一定時間でどれだけ多く生産できるかを決める力。労働者の熟練度、設備、分業システムの発展具合、社会全体のインフラ整備など総合的な要因で左右される。したがって労働者の熟練度が低くても、機械の性能がよければ生産力は高くなる。

■ 絶対的剰余価値

労働時間の延長によって生まれる剰余価値。必要労働力が一定であれば、1日の労働時間を延ばせば延ばすほどこの量は増えていく。

■ 相対的剰余価値

労働強化によって生まれる剰余価値。生産性を高めることによって必要労働時間を短くすることで、相対的に剰余労働時間が長くなる。

労働の歴史①まずは労働者を一つの場所に集めるべし！

労働者が増えると何がいいの？

生産力が上がるとピンハネ率が上がる、という結論を導き出したマルクスは、その実例を求めて資本主義における労働の歴史をたどり始める。

生産力の上昇に、必ずしも機械の導入の必要はない。

1人で別個に生産していた労働者を一つの場所に集めるだけで、生産力は自ずと高まる。それを協業という。

たとえすべての労働者が同じ仕事をしていても、お互いの競争意識が高まったりすることで、生産力は高まる。

また同じ場所にいることで設備が効率的に使える。

★ 労働者が倍になると商品に移る機械の価値は半分に

労働者が５人のとき

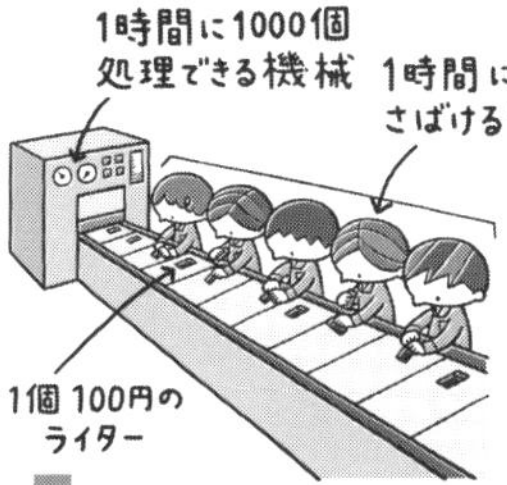

労働者が 10 人になると……

1 時間あたりの生産量は……

５人×100個＝500個

10人×100個＝1000個

1 時間ぶんの機械の価値を 1 万円とすると……

ライター１個に
含まれる機械の
価値

10000÷500

＝20円ぶん

10000÷1000

＝10円ぶん

★ マルクスが指摘した、個人と集団の違い

ひとりだと自分で
自分を指揮する。

人が集まれば、
指揮官が必要になる。

たいてい機械や道具は遊んでいることが多いからだ。それをキャパいっぱいまで使っていることは、まあない。あなたの使うパソコンだって、寝てること多いんじゃない？ それを多くの人が共同で使うことで、フル活用される。つまり遊ぶひまがなくなるのだ。

やがて資本は人格をもつようになる

マルクスは、労働者を一つの場所に集めることが、資本主義生産の基礎だという。大量の労働者の集団は、一つのシステムをつくる。そしてそのシステムが、やがて意志をもつようになる。

> 同一の労働過程で
> 比較的多数の賃金労働者を
> 同時的に使用することは、
> 資本主義生産の出発点をなす。

現代でいえば法人＝会社が最もわかりやすい例だ。会社は多くの人の集まりだ。しかし、その全体が、まるで細胞が集まって1生物をつくるように、一つの人格（法人格）をもつ。

そこには、ヒトの中枢が脳であるように、監督・指揮を専門とする分業的役割が生まれる。会社でいうなら、まさに社長だ。

とはいえ社長は資本家から経営をまかされ

た労働者の一人。会社自体の持ち主は、もちろん資本家（株主）だ。

そして集められた労働者は、自分だけ認められようと、上司の命令がなくとも、どんどん仕事をするようになる。これが独立生産者と違うところである。

ほっといても動くシステムこそ協業である。

上級編 『資本論』用語まめ辞典

■ 協業

労働者が多数集められた生産体制。マルクスは協業が資本主義生産様式の基本形態であると考えた。労働者は協業において社会的労働力を獲得し、個人生産よりも格段に高い生産性を実現する。同時にそのことで労働者は資本の生産力の一部分としてとりこまれる。

■ 社会的平均労働

できる限り多くの労働者の労働量を、その労働者数で割ったもの。つまり労働者一人の極限まで平均的な労働の量のことで、社会的条件によってある程度決まっている。これがどれだけ含まれているかで、商品の価値が規定される。

労働の歴史② 人はいつしか〝歯車の一部〟になっていく

労働者の質が下がって、効率が上がっていく!?

労働者がわんさと集まれば、資本主義の基礎ができるが、それだけではまだ不十分だとマルクスはいう。では、資本主義はどうやって発展してゆくのか。

彼の分析をまとめると、①独立手工業→②工場制手工業→③大工業という段階をたどり、③に至ると、資本主義はその全貌を現わす、という。

①から③に至る流れでの傾向としては、第一に、生産効率がハンパなく高まることがある。第二に、人件費に当てられる部分の割合が、ほかの材料や機械などに当てられる部分が占める割合に比べて低くなるということである。それは、資本家が相対的剰余価値を獲得できるということでもある。ただ注意が必要なのは、資本は拡大するので、労働者の数

★ 3つの生産体制の段階における傾向

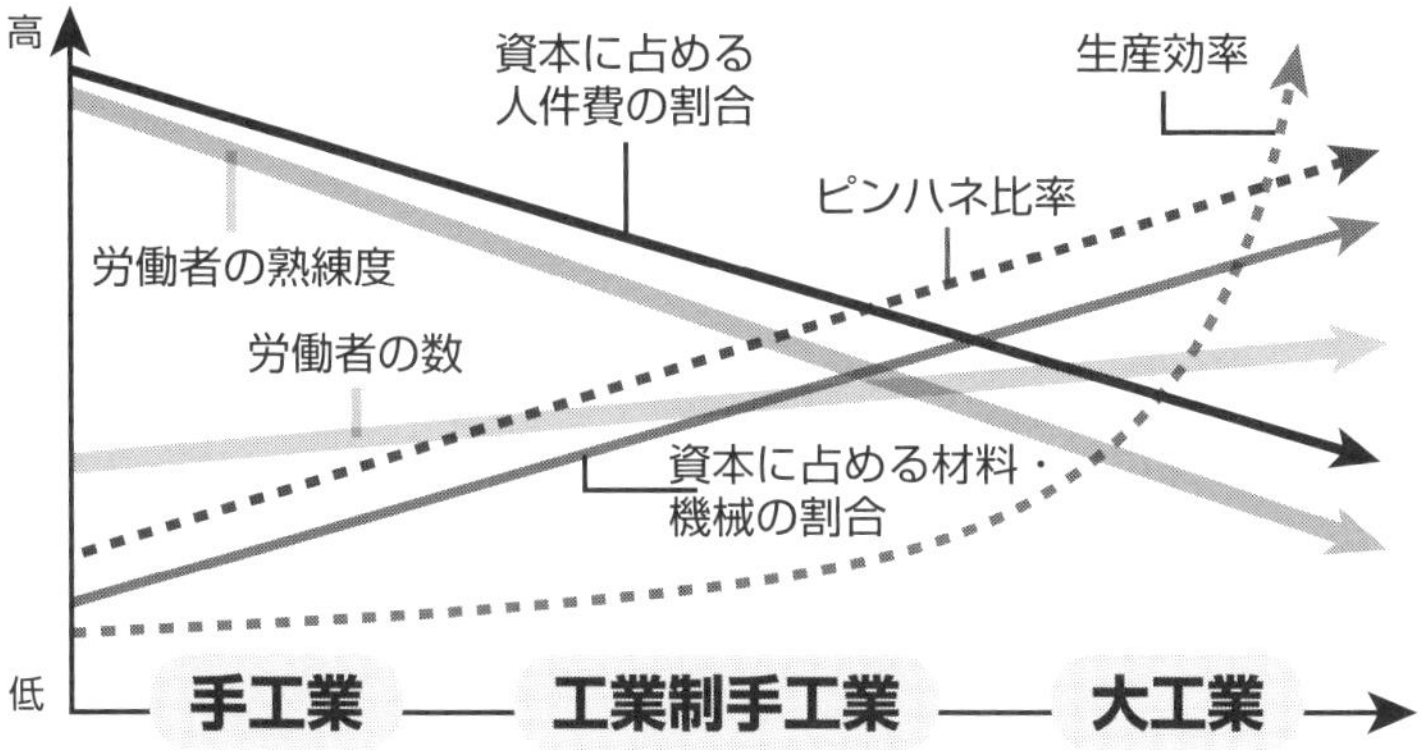

★ 生産力アップのカギは「作業の専門化」

ライター生産現場で1時間に火打石取り付け2000個、型枠作り4000個、油注入8000個こなせるとする。そのとき、人員配置を下のようにする。

より生産率がアップする（が、労働者の能力は下がる）

はどんどん増えるということだ。

第三に、労働者の熟練度はしだいに必要なくなっていくということである。①では基本、高度なスキルや経験をもった熟練労働者がメイン、②では熟練労働者とちょっとイケてない不熟練労働者が混じり合う、③ではついにその不熟練労働者がメインになるということだ。それにつれて労働者の唯一の売り物である、労働力の価値が下がっていく。

仕事内容の細分化→専門化→歯車への道

②の工場制手工業を見てみよう。独立手工業との違いは、労働者はそれぞれの分担をもって計画的に生産することだ。マルクスが挙げた例でいうと、時計はバネを作ったり、文字盤を作ったりと、34ほどの工程を経て完成する。①での職人的な労働者ならば、すべての工程を一人でこなしていた。が、工場制手工業では、一つの工程につき、一人の労働者をつける。そのとき、34人の熟練した職人が作るよりもずっと多くの時計が生産できる。し

> 工場手工業は、
> それが捉えるすべての
> 手工業において、
> 手工業経営が厳重に排除した
> いわゆる不熟練労働者の
> 一階級を生み出す。

かもそれなりのクオリティで。なぜなら、一人一人の作業は専門化され、単純になるからだ。個々の労働者が考えたり工夫したりしなくても、ひたすら量産できる。そして一つの工程しかこなさないのだから仕事を身につけるのも簡単。また範囲が限定されているから、その範囲内では高いレベルを発揮できる。

こうして資本は効率を上げる。そのとき労働者の労働過程は、マルクスによれば、「奇形化」する。つまり一人の労働者の労働はある特定の部分に限定され、何も生み出す能力がなく、全体の歯車の一つとなってしまうからである。

上級編 『資本論』用語まめ辞典

■ 分業

作業における役割分担。多くの労働者が同じ作業をする協業もあるが、分業に基づく協業は工場制手工業の典型的なかたち。分業によって労働者の作業が専門化、細分化する。これを工場内分業と呼ぶ。一方、社会的分業では、たとえば都市と農村の相互依存が生まれる。

■ 独立手工業

ここでは、分業に基づかない協業がなされている生産体制だと考えればよいだろう。生産力は労働者一人一人の熟練度にすべてかかっている。

■ 大工業

ここでは分業を基礎とした協業の最終段階で、機械をメインにした生産体制としている。手工業における「手」の技術がすっかり駆逐されたものだ。

労働の歴史③ 機械登場。人は機械に支配され、飲み込まれる

機械の導入でどうピンハネされるのか?

マルクスは、機械が導入されることで、資本主義の全貌があらわになったといっている。機械の導入は、労働の生産性を極度に高めることになる。マルクスが挙げた例によると、以前は10人の男子が1日4万8000本を生産していた縫い針工場に、4台の機械を導入したところ、機械を監視する女の子を一人おいただけで、生産量が1日約60万本になったという。生産性はなんと約12倍!

この生産性アップ具合をこれまでの例をもとに考えたのが、左の図。図からわかるのは、1個の商品を生産するのに要する労働時間が激減していること。つまり、値段が同じならばプラスαの剰余価値の占める割合が増えているというわけ。こうして生産効率のアップ

★生産力アップが引き起こすこと

1　1日10人の労働で4万8000個のライターを生産するケース

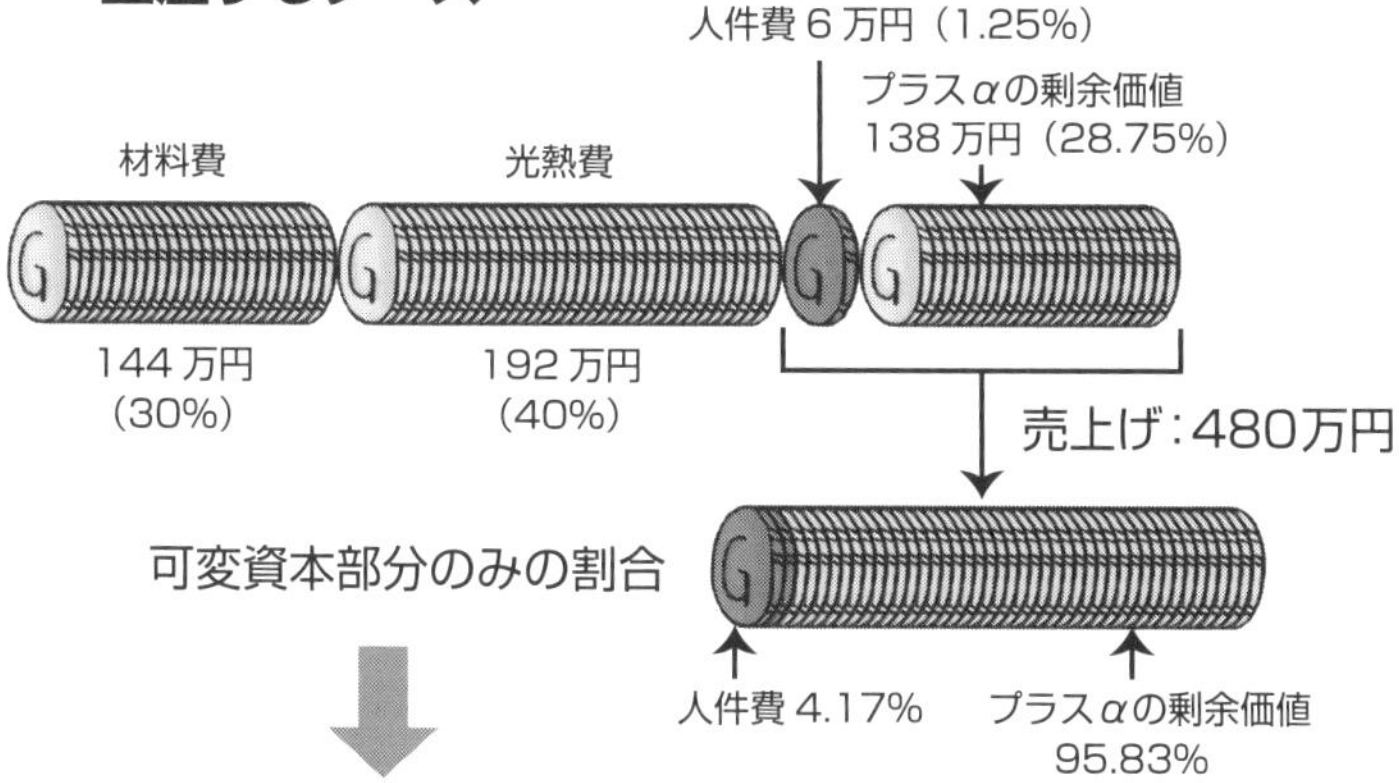

2　1日一人の労働で60万個のライターを生産するケース

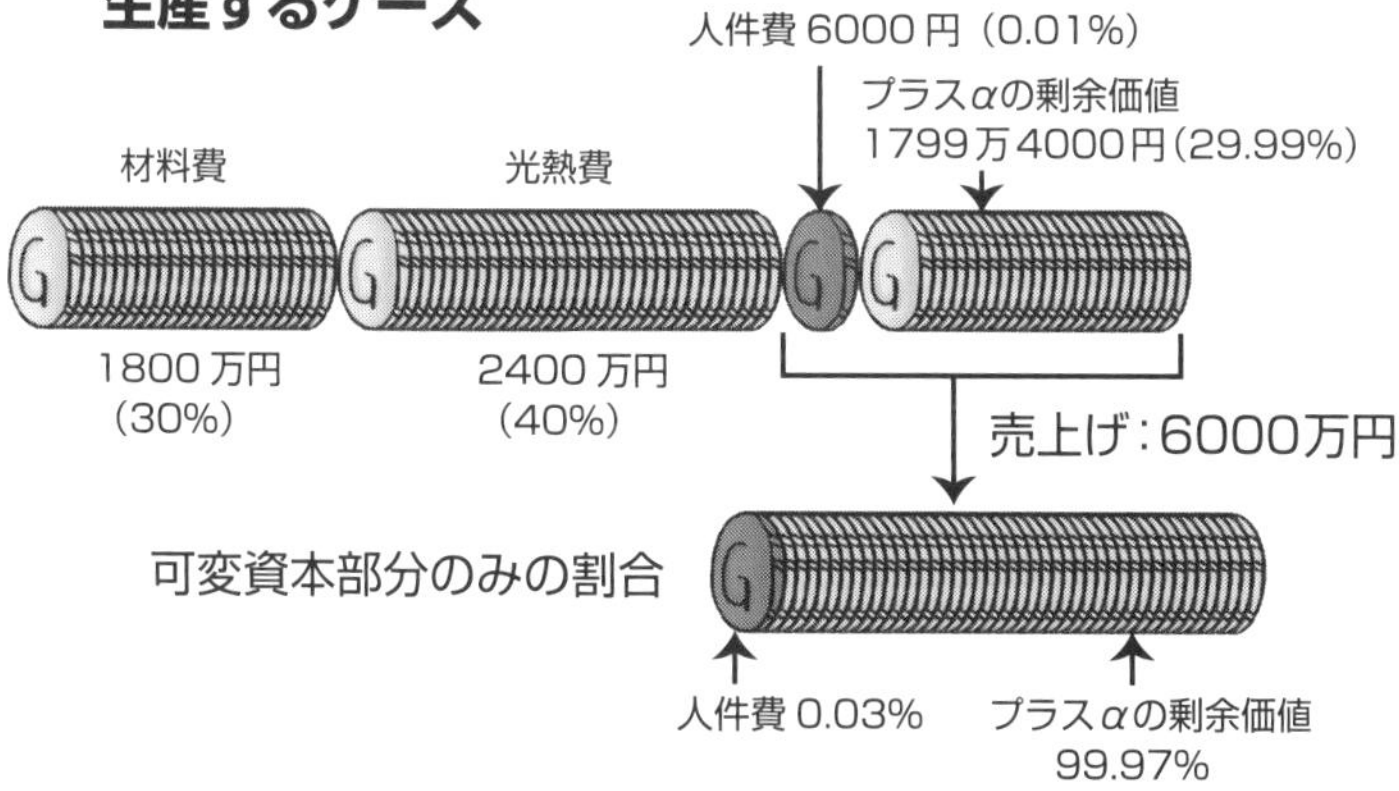

人件費の割合は139分の1になる！

においては、スピードが問題になる。マルクスが挙げた例に見られるように、機械は進化すればするほど、その操作が簡単になる。労働者は誰でもよいのだ。だから資本は多少高価な機械でも、それによって労働者を減らせるのならばと、積極的に導入する。

「不満があるヤツは機械に代わってもらうよ？」

そこで労働者はどうなるか？　マルクスでなくても、機械が発展すればするほど、不平不満をもつ労働者を追い出す理由ができることがわかる。

過酷な労働から身を守ろうとする労働者は、1日8時間労働にしろ、とか、給料を上げろ、とかいう。資本家にとってみれば、不満をブーブーいう労働者より機械のほうが使いやすい。そこで資本家は、人件費と機械を導入する投資額を天秤にかける。ものすごい高性能で高い設備や機械でも、高くなりつつある人件費よりはメリットがあると判断すれば、労働者を切り捨てることになる。

労働者はまさに板挟みだ。条件をよくしよ

> 機械による
> 資本の自己増殖は、
> 機械によって生存条件を
> 破壊される労働者数に
> 正比例する。

うと努力すればするほど、リストラされる理由を作り出してしまうことになるから。そうして以前よりも長時間で過酷な労働に甘んじる人も出てくる。あえなくリストラされてしまった労働者には、何の技術も能力もない。その会社でしか役立たない、きわめて部分的な作業しかやってこなかったからである。そうして、誰にでもできる単純な仕事を新たに探し求めることになる。

このように労働者を追い込むのは、資本家というより、機械が体現する資本そのものだ。

上級編

『資本論』用語まめ辞典

■ 機械

マルクスによると機械の定義には①動力機、②配力機構、③道具機または作業機の3つが必要。そして機械では、③が最も特徴的で、ひとつの動力でもって配力機構を工夫し、多種多数の道具を動かすことのできるシステムだとマルクスは定義づけている。機械が導入されるとき、労働過程の協業的性格は必然となる。

■ 機械破壊者運動（ラダイト運動）

1811年イギリス中北部で起こった、労働者による機械打ち壊しの暴動。ネッド・ラッドという名前の人物にちなんでいるという。生活が苦しくなった手工業者や労働者が起こした運動だが、政府によって鎮圧された。

15

第5篇　絶対的剰余価値と相対的剰余価値の生産
第14章　絶対的剰余価値と相対的剰余価値

資本主義の〝生産的〟な労働ってどんなもの？

生産性を高める二つの方法

労働の歴史から明らかになったのは、生産性アップの過程で労働者が追い込まれていくさまだった。

しかし、〝生産的〟な労働とは、具体的にどういうことなのか。それはズバリ、資本の価値を増殖させるということだ。

資本主義は商品生産の社会。商品の価値には使用価値と交換価値がある。どんな社会でも生産的とされるのは、使用価値を増やすことだろう。が、資本主義の場合、プラスαの剰余価値をどれだけつくり出すかだけが問題になる。

68ページでいった必要労働時間とプラスαの剰余労働時間を思い出そう。必要労働時間

★ 資本主義の「生産的な労働」により資本が増えるしくみ

とは、自分の能力を維持するのに必要な生活費分の価値を作り出す労働、それを越えて働く剰余労働のプラスαの労働時間が、プラスαの剰余価値を生み出す。

生産性を高めるには、すでに述べてきた、二つの方法がある。

一つが、労働時間をひたすら延ばすこと。もう一つが新しい機械を導入したり、画期的な技術を開発したりして、労働を強化すること。この二つがたがいに手を取り合って、プラスαの剰余価値を増やし、資本主義はさらなる進化を遂げるわけだ。

なんで他人のために働くようになったの？

資本家のために
剰余を生産する労働者、
すなわち資本の自己増殖に
役立つ労働者のみが、
生産的である。

資本が十分に蓄積されている社会、すなわち資本主義以前の社会では、自らの生活手段を得るだけでいっぱいいっぱいであり、他人のために剰余価値を生み出すことはできない。

資本が蓄積され、労働力が商品化される社会になってはじめて、労働者は資本のために剰余労働を生み出す。

資本主義社会では、自らの生活手段の価値

を超えた、剰余労働を生み出す労働を「生産的労働」という。

この生産的労働こそ、資本主義を資本主義たらしめる労働である。だから、家庭の中での労働や奉仕活動のような労働は、生産的労働といわない。

生産的労働とは、あくまで資本の価値を増殖させる限りの労働ということになる。

上級編 『資本論』用語まめ辞典

■ 社会的生産物

資本家が多数の労働者を雇って生み出したもの。すなわち商品。このすべてを所有するのが資本家である。これらの商品が、社会の要求に応えている社会的生産物である。

■ 全体労働者

すべての労働過程を一人で行う労働者を「全体労働者」という。工場制手工業や大工業になれば労働者は生産過程の一部分を担っているにすぎず「部分的労働者」である。しかし全体の労働者でみれば、それは一つの全体労働者といえる。

16

第5篇 絶対的剰余価値と相対的剰余価値の生産
第15章 労働力の価格と剰余価値との量的変動

生産性が上がると、労働力の価値は上がる？ 下がる？

生産性アップと能力アップの違い

答えからいうと、生産性が上がると労働力の価値（賃金）は、剰余価値に比べて相対的に下がる。それは同時に資本がくすねるプラスαの剰余価値が増えるということを意味する。

これまで価値についてさんざん話してきたが、マルクスはここであらためて労働力と生産性の関係について述べている。つまりより現実的でナマナマしい話に進んでいくわけだ。

生産性が上がるというとき、注意しなければいけないのは、それは労働の生産性であり、労働力の価値（賃金）が上がることとは別、ということ。労働の生産性とはプラスαの剰余価値を生み出す量で決まり、機械を導入すれば生産量が増え、必要労働時間は下がり、

★ 生活費が高くなっても資本家の利益が増えるしくみ

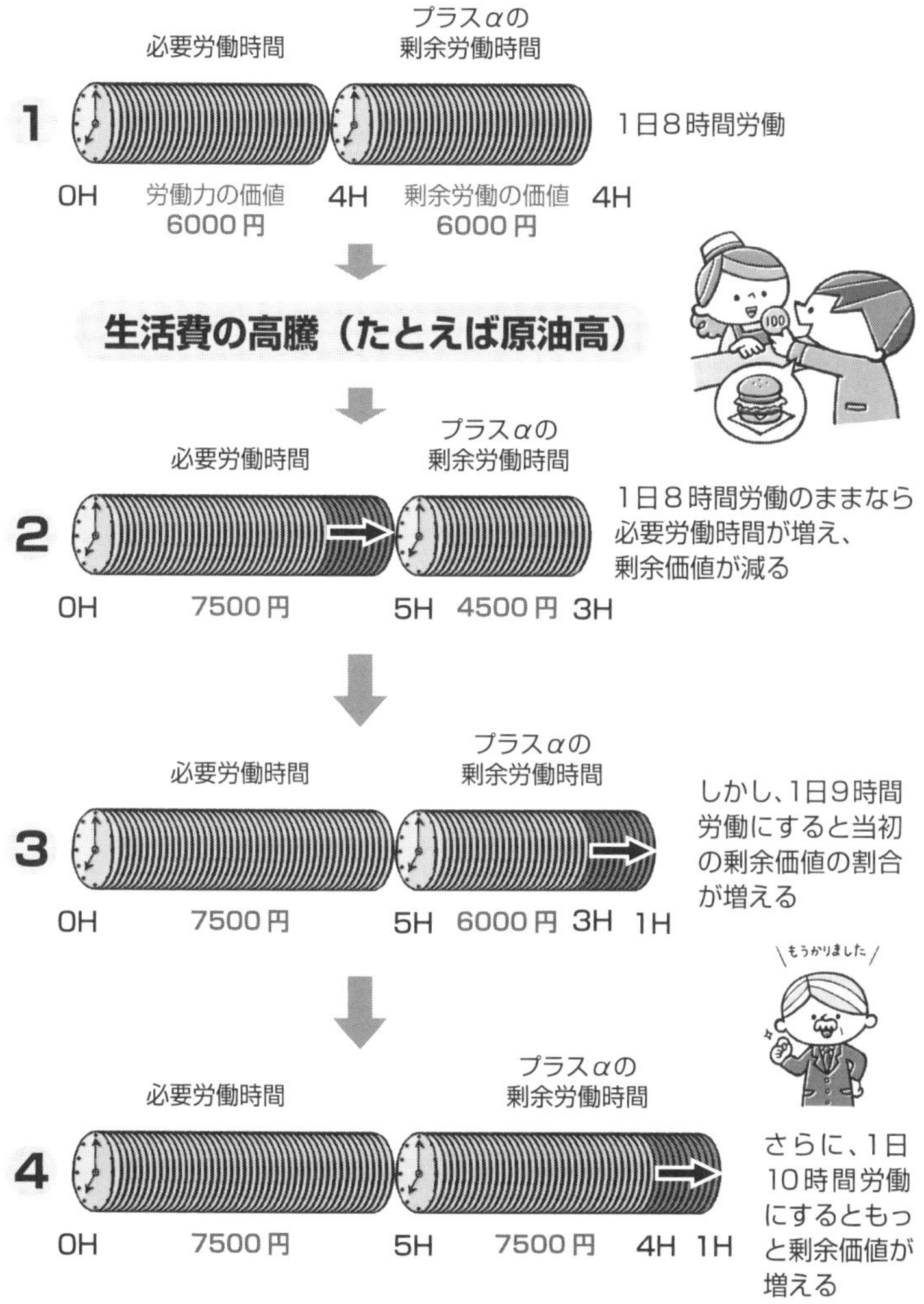

剰余価値の割合が増える。それにつれて労働者の熟練度など必要なくなることは先の項目で話したとおり。だから労働力の価値は下がる。ただし生産量は増える。

いっぽう労働者の熟練度が上がった場合にも、生産物の量は増える。これは労働者の時間あたりの生産量が増えることであり、一個あたりの生産時間が短くなる。能力が上がった分、労働が強化されたことで、資本がくすねるプラスαの剰余価値も増える。

生産性が上がれば、能力の価値が下がり、能力が上がっても結局、その価値は上がる。

生産性が落ちても、ヒンパネするやり方

> 労働の生産力が
> 高まることなくしては、
> 労働力の価値は低下しえず、
> したがって、
> 剰余価値は増大しえない。

労働者の給料は労働力の価値に対して支払われる。そしてその労働力の価値は労働者の生活費で決まる。では、その生活費が高騰した場合、資本はどのようにしてプラスαの剰余価値をくすねようとするだろうか?

投資する資本のうち、人件費の部分の労働の時間を必要労働時間といい、それが増えれば、労働時間が一定の場合、プラスαの剰余

労働時間が減る。

97ページの図の①→②のように、必要労働が4時間から5時間に増えたとする。プラスαの剰余労働時間は3時間に減る。当然、資本家は③のように労働時間を1時間延ばして、もともとの6000円の利益を守ろうとする。

しかしそれにとどまらないのが資本のサガ。③の場合、必要労働とプラスαの剰余労働を割ったピンハネ率（剰余価値率）は下がっている。それを維持したいと資本はいう。そこで、④の10時間労働に延長する。あら、結果的に剰余価値は増えてるでないの、となる。

上級編 『資本論』用語まめ辞典

■ 労働の生産力

一定時間に生産物を生み出す能力であるが、道具や機械・設備をどう使いこなすかも、労働の生産力を決める要因となる。つまり機械の生産性が上がれば、それを使って生み出される労働の生産力は高まる。マルクスは、労働の生産力が高まることなしには労働力の価値（賃金）が下がることはない、という。

■ 労働の強度

労働の密度を上げることは、生産力を引き上げること。使う道具や機械が同じでも、労働の強度が高くなると生産量が増える。そのとき、一つ一つの生産物に含まれる労働量は同じなので、以前と同じ賃金でいい。同様に強度が低いと生産量は少なくなり、必要労働部分は増える。

17

第5篇　絶対的剰余価値と相対的剰余価値の生産
第16章　剰余価値率の種々の表式

ピンハネの度合いを公式で表してみると…

ピンハネ率を労働時間で考えると

左ページの三つの式は、資本家による仁義なきピンハネっぷりを示したものだ。マルクスは①を正しい式、②をまちがっている式、③をより進化した正しい式、としている。

①の式は65ページでも述べたものの発展型だ。総投資額3万4000円、1日8時間労働で人件費が6000円、その労働で生まれたプラスαの剰余価値が6000円だとする。このとき、プラスαの剰余価値6000円÷可変資本6000円で100%となる。労働者は4時間を給料分の労働、4時間をプラスαの剰余労働として働いたわけだ。①の式は、それまで価値で表わしていたものを、時間でも理解できるようにするもの。どれだけの時間を自分のために、どれだけの時間を資本家のために働いたかがすぐわかる。

★ マルクスが考案したピンハネ率を示す式のパターン

1 正しいピンハネ率を求める式

$$\frac{\text{剰余価値}}{\text{可変資本}} = \frac{\text{剰余価値}}{\text{労働力の価値}} = \frac{\text{剰余労働}}{\text{必要労働}}$$

2 よくあるまちがった式

$$\frac{\text{剰余労働時間}}{\text{労働日}} = \frac{\text{剰余価値}}{\text{生産物の価値}}$$

（労働力の使用価値）

3 さらに進化したピンハネ率を求める式

$$\frac{\text{剰余価値}}{\text{労働力の価値}} = \frac{\text{不払労働}}{\text{支払労働}}$$

結局、資本が労働者をしぼりとって利益が出る

さて、この条件を②の式にあてはめてみよう。

プラスαの剰余労働時間が4時間で、1日の労働時間8時間なので、50％になる。プラスαの剰余価値が6000円に対し、1日の労働力の使用価値が1万2000円なので当然同じく50％。

この式のどこがまちがっているのだろう？

マルクスがいうには、労働者の取り分が明確でないことである。この式を見てわかるのは、1日の労働日の中から資本家がわずかながら剰余価値をもらっているということである。当然ピンハネ率は低いわけだ。

> すべて剰余価値は、それが後に、利潤、利子、地代等のいかなる特別の態容に結晶しようとも、その実体からすれば、不払労働時間の体化物である。

しかし、これは明らかに現実的ではない。

たとえばマルクスは、イギリスの農耕労働者の例を挙げる。農耕労働者は生産物の4分の1を受け取り、資本家は4分の3を受け取る。この場合のピンハネ率は300％。だか

ら②の式は、ピンハネを示すものとしてはまちがっていることが実証できるという。マルクスは③の式に進む。これが表わすのは、資本がひたすら求めるプラスαの剰余価値の出所が、単に、労働者がタダ働きである、というだけ。

そこまでズバッと打ち出すと気持ちよいくらいだ。プラスαの剰余価値は、利益とか利潤とかいろいろと言葉で言いかえられるが、結局は資本による労働者からのピンハネそのものだといっているわけだ。

上級編 『資本論』用語まめ辞典

■ 剰余価値率

マルクスの示した式によると、「〈剰余価値／可変資本〉＝〈剰余価値／労働力の価値〉＝〈剰余労働／必要労働〉」。はじめの二つの割合が、価値と価値の比率、三つめの割合が時間の割合を表わす。これが剰余価値率。いっぽうマルクスの示す②の間違っている式のほうは、「〈剰余労働時間／労働日〉＝〈剰余価値／生産物価値〉＝〈剰余生産物／総生産物〉」。

■ 不払労働

本文に示したとおり、文字どおりタダ働きのこと。マルクスがいうには、「すべて剰余価値は、それが後に利潤、利子、地代等のいかなる特別の様態に結晶しようとも、その実体からすれば、不払労働時間の体化物である」とのこと。

18

第6篇　労働賃金
第17章　労働力の価値または価格の労働賃金への転化

労働者は「給料」という言葉にダマされている？

「労働力の価値」が「労働の価値」に変貌

マルクスはここで、労働力の価値、それにつく値段、賃金あるいは、給料、これらすべてが別物だといっている。労働者は彼の労働力がゆいいつの商品だ。たとえばライター生産者の1日の労働力は人が汗水たらして働く4時間ぶんの価値をもつ。価値につく値段は市場の需要供給によって、変化する。とりあえずはその値段が価値どおりにつけられるとして、1日8時間で6000円が支払われたとする。資本主義社会では、その給料は彼の「労働への価値」に対して正当に支払われているように見える。

マルクスはいう。本質的な諸関係は、現象においては「往々逆に表示される」と。つまり「労働力の価値」が「労働の価値」に変貌する。労働力の価値は労働者の再生産の価値

★資本家が買っていると思うのは、労働力の“機能”（労働力の使用価値）

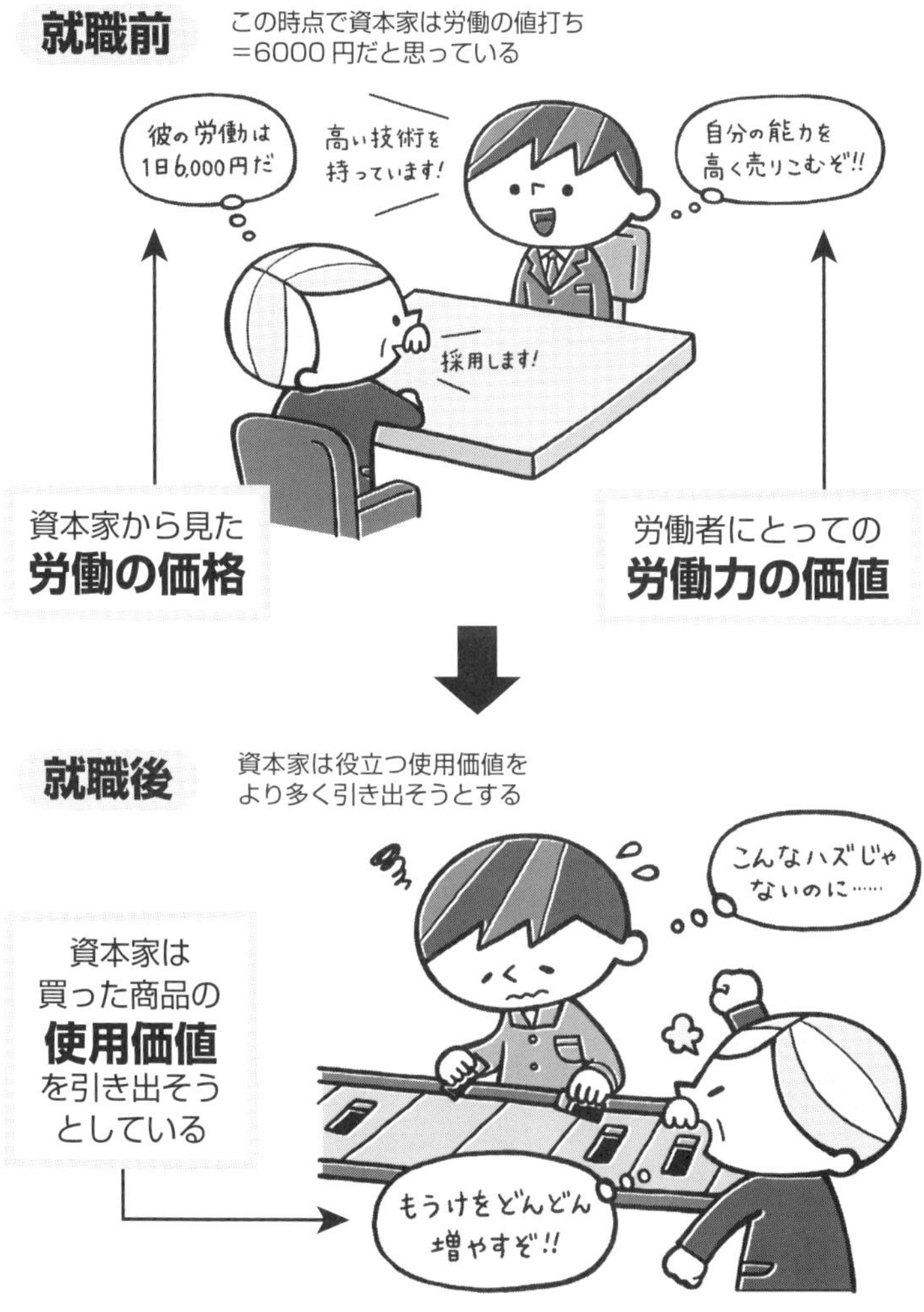

だが、労働の価値は投下されたすべての労働力の価値である。なぜそんな変貌が起こり、そしてそれが問題なのか。資本主義社会では一般的に、労働者は労働力なんてものを売っているとは考えず、労働を売っていると考えるからだ。そして、それが「本質的な諸関係」である剰余価値をピンハネするシステムを見えなくし、資本主義の発展に役立つのだ。

もし労働がその価値どおりに支払われたら

ではなぜ逆転現象が起こるのか？　これは商品のもつ二重性からきている。商品の買い手は、商品の使用価値を求める。たとえばパソコンを買う人にとっての使用価値とは、処理が早いとかの具体的な機能だ。労働者の能力という特殊な商品は、質としての労働以外にも量としての価値をもち、価値を生み出すという機能がある。労働者の能力が4時間ぶんの労働量である6000円で売られたとしても、実際にそれが使われる労働現場では、8時間機能することができる。資本家は、その8時間働けるという機能に対して6000

> 労働賃金という形態は、
> 労働日が必要労働と
> 剰余労働とに、
> 支払労働と不払労働とに
> 分かたれることの
> すべての痕跡を消し去る。

円の給料を支払っているのだ。買い手にとって、パソコンの価値とは使用価値であるのと同じで、資本家にとっては、8時間働いて1万2000円の価値を生み出す機能をもつからこそ、価値がある。とすれば、資本家および労働者でさえも、売っているのは「労働力」ではなく「労働」であり、その価値が給料である、と考えてもしょうがないのだ。

もしほんとうに労働に対して給料が支払われるのならば、労働者が8時間の労働で1万2000円ぶんの価値を生み出したのなら、彼の給料も1万2000円となるはず。もしそれが実現すれば、資本は価値をピンハネできなくなり、資本主義は成り立たなくなる。

上級編 『資本論』用語まめ辞典

■ ブルジョア

中世以降の新興都市の特権的な市民で、貴族ではない。当然生産手段をもっている。近年においては資本家を意味する。その意味で言葉は同じだが内容は違う。

■ 労働賃金

労働力の価値に対して支払われるもので、労働力の使用価値に対するものではない。労働力の価値は、労働者の使用価値ではない。

労働力の価値が下がるのになぜ労働者はますます悲惨な環境で働くの？

労働力の価値が長時間労働を強制する

「労働の値段」（労働力の価値）という考えがどのような結果を引き起こすのか、見てみよう。

マルクスが示した労働の値段を表わす式で考えてみよう。

いつものライター生産者の例を当てはめると、彼の労働力の価値は6000円。これは量としての労働の4時間分にあたる。1日平均8時間働くとして、労働の値段は1時間当たり750円が基準になる。そして彼の1日の給料は6000円だ。

労働力の価値、すなわち給与は、労働者の再生産費の最低限まで下げることができる。したがって6000円を維持できるわけではない。

★給料は労働力の価値ではない

労働力の価値は
6000円
100
どうも!
おつかれさま
給料
6000円を得るためには労働時間を増やす必要がある
労働力の価値は、再生産費(物価)で決まるが、再生産費(物価)が下がると6000円を維持できない

つまり必要労働時間が下がるわけである。

そうなると、さらに超過勤務をせざるをえなくなる。そのため、労働時間を増やすことになるのである。

どのようなかたちであれ、「労働の値段」が労働力の市場価値(再生産費)で決まる以上、支出した労働力のことなど考えられない。

だから、資本家のピンハネが見えなくなるしくみになっているのだ。

労働の安売りが労働者をますます追い込む

労働者がつねにお互い競争している以上、労働者の価値は極限まで切り下げられる。

すなわち、労働者が資本家と競争するのではなく、労働者が労働者と競争するのである。資本家にとってこれほど都合のよい話はない。労働者は自分の労働の安売りをしているのだから。

いや、資本主義は労働者を競争させることで安売りを強制しているのだ。たくさんの労働者は、自分だけ助かろうとして、安い賃金でより働くのである。

そうして、労働者階級の労働環境はますます過酷になってゆくのだ。

労賃を得るためには労働力の価値を下げざるを得ない

「労働者のあいだに
生じた競争は、
労働の価格を
圧し下げることを、
資本家に可能にする」

労働者は労働の能力を売る際、最大の敵は他の労働者である。

だから、商品の販売と同じように、どんどん労働力の価値を下げて売らざるを得ない。

ということは、動労者人口が多い場合、労働者の価値は、その本来の再生産費用を下まわる可能性がある。

しかし、労働者は職にありつくために、そ

れを受け入れるしかない。実際、労賃が下がらなくとも、労働時間の延長としてそれらを受け入れざるを得ないのだ。

ところが、労働者は労働時間より、得られる賃金に関心があるので、いくら働いたかより、いくら労賃を得たかにのみ関心を示す。

労働者は、実際に働いた労働の量より、労賃が少ないことには関心をもたないのが現実なのだ。

上級編 『資本論』用語まめ辞典

■ 時間賃金

労働力は一般に、一日あたりや週あたり、月あたりなど一定の期間について支払われる。そのように一定期間あたりの労働力の価値が表される形を時間賃金という。

■ 名目的労働賃金

時間賃金に対して支払われる貨幣額。1日6000円、1週間3万6000円、1カ月15万円など。

■ 労働の価格

労働者が実際に与えた労働の量、当然この量は剰余価値を含むので、名目的労働賃金より多い。しかし労働者はこれに関心をもたない。

20 出来高払いならピンハネされてないんじゃやない？

第6篇　労働賃金
第19章　出来高賃金、第20章　労働賃金の国民的差異

そうは問屋がおろさない

ライター生産者が、ライター1個につき15円で出来高払いの契約を結ぶとする。仕事時間がどれだけ長くなっても、その分たくさん生産し、より稼げるのだから、やりがいがあるというものだ……。

しかしマルクスなら、「ダマされるな！」というだろう。先の項目で「労働の価格」という考え方がダマされていることになるというのと同じだ。本当なら彼の給料は、働く能力の価値によってきまる。が、労働の値段というい方では、働く能力全体について支払われていることになる。ビミョーだが、この意味の違いは大きい。

彼は8時間で400個ライターを生産するとする。そのとき彼の出来高によって得る給

★ 労働力の価値の考え方

もしも労働力の使用価値どおりに給料が支払われると……

1時間あたり1500円×8時間＝1万2000円

4時間で
6000円だから、
1時間あたり
1500円

もらえるはずの金額

100
YEN

★ 出来高払いなら、ピンハネされない？

1日の労働の価値＝労働力の価値

→ これが「労働の値段」の考え方（しかし、これは等式ではないのだ）

時給750円で1時間50個生産 × 8時間 ＝ 400個生産し、日給6000円

金額は同じ

労働時間から考えるのが**労働の値段**

750円×8時間
＝6000円

どうも！
おつかれさま
給料

労働力の使用価値とくらべると、結局6000円ピンハネされている

生産量から考えるのが**出来高払い**

750円÷50個
＝15円／個
15円×400個
＝6000円

料は、6000円になる。彼の能力の価値は労働4時間ぶんの6000円だった。しかし彼が実際働いたのは8時間。ということは資本家のピンハネした価値は6000円。57ページの図を見てほしい。8時間労働で彼の能力の価値は6000円、資本がピンハネする価値は6000円。何も変わってないじゃん!

先に述べたことと同じで、彼の給料は彼の労働力の価値ではなく、彼の労働の使用価値に支払われていると考える限り、資本のピンハネは見えない。

資本にとって最も都合のいい制度

出来高賃金は
資本主義的生産様式に
もっともふさわしい
労働賃金の形態である
ことがわかる。

そもそも1個あたり15円という基準が間違っているのではないのか?

けど、労働者の平均的な生産量が8時間で400個であり、労働の値段というかたちで8時間労働に対して給料が支払われている限り、どうしてもその値段ができてしまう。

マルクスによると、この支払制度は資本主義に最もふさわしいらしい。サボっているヤツは給料が下がるから、ほっといても労働者は働いてくれる。長時間労働にも文句をいうヤツはいない。働けば働くほど儲かることになっているから。労働者間のライバル意識が出て、会社全体では効率が上がるかもしれない。

もし、会社全体で効率が上がり8時間で倍の800個つくるようになるとする。すると資本家は、出来高の基準を半分に下げる。ピンハネできる割合はもとどおりで、生産力は上がったのだから、資本家としては、願ったりかなったり。つまり出来高払いが「資本主義に最もふさわしい」というのは、「資本家にとって最も都合がいい」ということなのだ。

上級編 『資本論』用語まめ辞典

■ 寄生者

出来高賃金は資本家と労働者との間に入るブローカーを存在させる。つまり1個あたり100円の賃金であれば、それを80円で労働者に下請けさせ、その差額20円を稼ぎにするような業者のことをいう。また主要な労働者が大量に生産を引き受けて、労働者がさらに下の労働者を雇うような状態を引き起こす。これをマルクスは、「労働者による労働者の搾取」という。

■ 貨幣価値

マルクスによると、資本主義が発展した国ほど貨幣価値が低いので、名目的賃金は高くなる。しかし実際は、労働賃金と労働者が生み出した価値との差は、先進国のほうが大きいという。それはつまり先進国の労働者のほうが搾取されているということになる。

21

第7篇　資本の蓄積過程
第21章　単純再生産

利潤はこうして資本に変わる①スタートは再生産のくり返し

もしも資本が増えていかないとしても

労働者の数が増え、生産性が上がって資本主義が始まり、その拡大していく過程を、マルクスは解説する。その前にちょっとおさらい。お金が資本になるのは、お金→商品→お金＋α、のプロセスを経てのこと（労働力が商品化すること）。もしこのプラスαの剰余価値を資本家がすべて使ってしまうとしたら、それは同じ規模の生産をえんえんとくり返すだけになる（単純再生産）。しかし、これだけでも労働者にとっては大変な状況になる。

資本家が1000万円を借りて投資し、プラスαの剰余価値200万円を上乗せして、資金を回収できたとする。彼が100万円を家族のためとかでプライベートに使い、100万円を借金返済に使うとする。新たな投資額は以前と同じ1000万円。それを続

★投資額は増えていないのに……

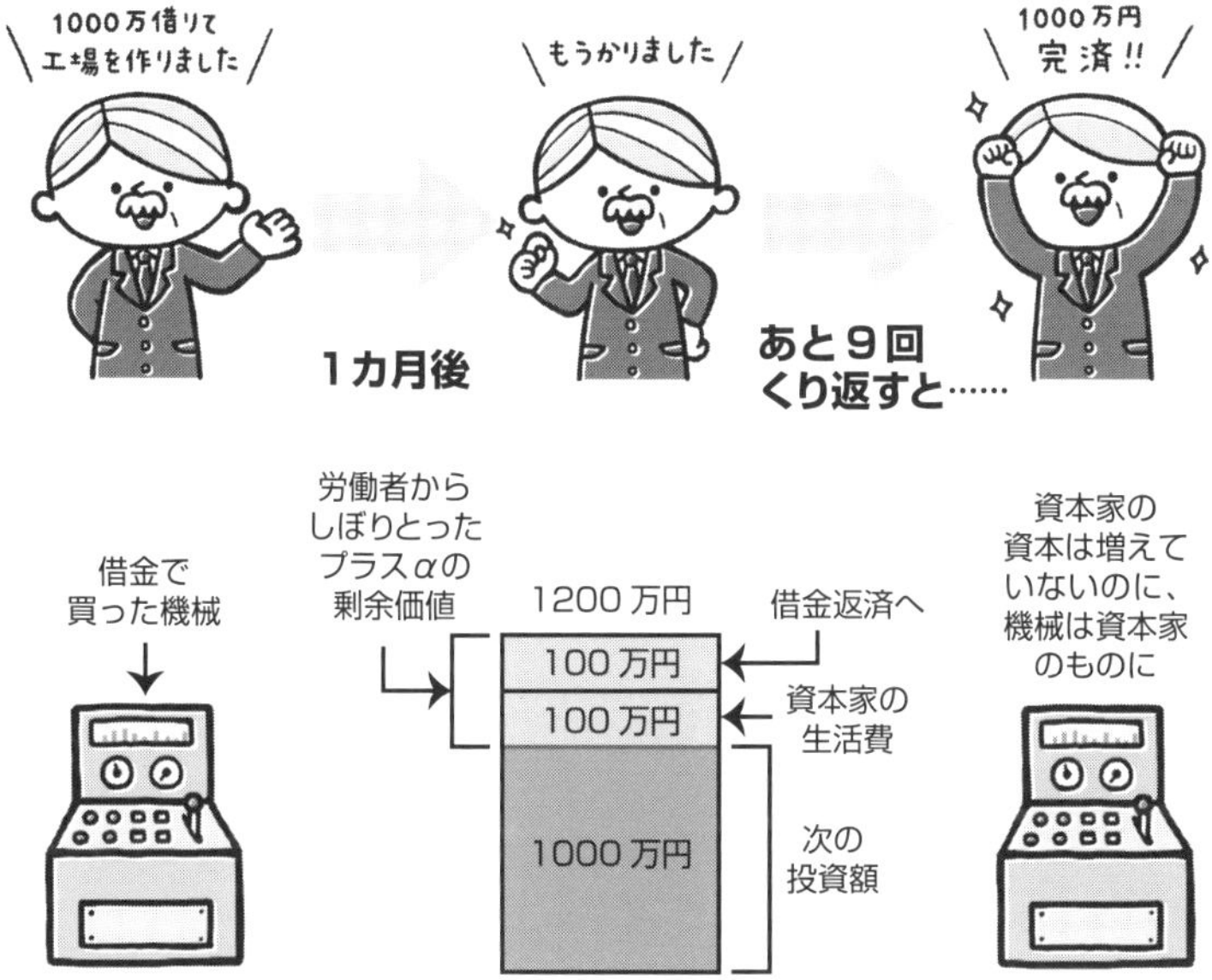

★マルクスが考えた「資本家が給料を渡すということ」

けていっても、彼のお金はいっこうに増えない。

が、ここでもすでに労働者からのしぼりとりが始まっている。10回転した段階で、彼の手元に残るのはもとのままの1000万円だが、はじめの借金などで設置した機械や設備などは、借金を返却したのですっかり資本家のものになっている（図）。

彼の投資額には、機械費・設備費も含まれている。これまで述べてきたとおり、機械や設備は労働者からプラスαの価値をしぼり出すためのもの。資本自体は増えないのに、機械や設備はすっかり資本家のものになっているのだ。

単純再生産をくり返せば労働者階級が生まれる

また、その過程でできたすべての商品は、資本家のものだ。労働者が受け取るのは10回分の給料。これらは、労働者の生活費にあてられるものだ。

当然、労働者はプライベートで給料を何に使おうと文句をいわれる筋合いはない。労賃とは資本家が彼にその労働力を維持させるだ

「労働者階級の
普段の維持と再生産とは、
依然として
資本の再生産のための
恒常的条件である。」

けのものであり、マルクスの表現によれば「蒸気機関の車輪に油がさされる」のと同じだという。農耕用の牛にエサをやることが、飼い主のためであるように、資本家は翌日の仕事を効率よくこなすために、労働者に給料を渡して、食わせる、寝させる、遊ばせているというわけだ。

そのようにして、資本の回転がくり返されるうちに、このピンハネする人とピンハネされる人の関係が固まっていく。マルクスはいう。「労働者は市場で雇用契約を結ぶ前に、資本に属している」。そして労働者階級と資本家階級が、世代を超えて受け継がれていく。

上級編 『資本論』用語まめ辞典

■ 単純再生産

剰余価値を新たに投資額に加えずに、同じ規模の投資→回収をくり返すこと。いっぽう剰余価値の一部を投資額に加え、前回よりも大きな規模で新たな投資をすることが拡大再生産。

■ 生産的消費

価値の増加に関わる消費。たとえば工場に導入された機械を使う、または資本家が労働者の能力を使うことなどは、これにあたる。

■ 個人的消費

価値の増加に関わらない消費。資本家が得られた利益で酒を飲んだり、労働者が給料で恋人にプレゼントを買ったりなど、プライベートな支出のこと。

22

第7篇 資本の蓄積過程
第22章 剰余価値の資本への転化①

利潤はこうして資本に変わる②
拡大再生産が始まる

ピンハネがさらなるピンハネを生み出す

お金→商品→お金＋αで、たとえば1000万円の投資額が1200万円に増えたとする。資本家がバカじゃなければ、彼は利益の200万をすべて自分のものにするようなことはしない。100万円を自分のものにしたとしても、残りの100万円は新たに投資するはずだ。

新たな、お金→商品→お金＋αの回転が始まる。その結果、その新たに投資された利潤の100万円は20万円のプラスαの価値を生み出す。そうして投資する額をどんどんふくらましていくことで、利益もますます大きくしていこうとするわけだ。

はじめの1000万円が、資本家が汗水たらして働き貯めたお金だったとしよう。が、

★ 利益率20%で拡大再生産を続けると…

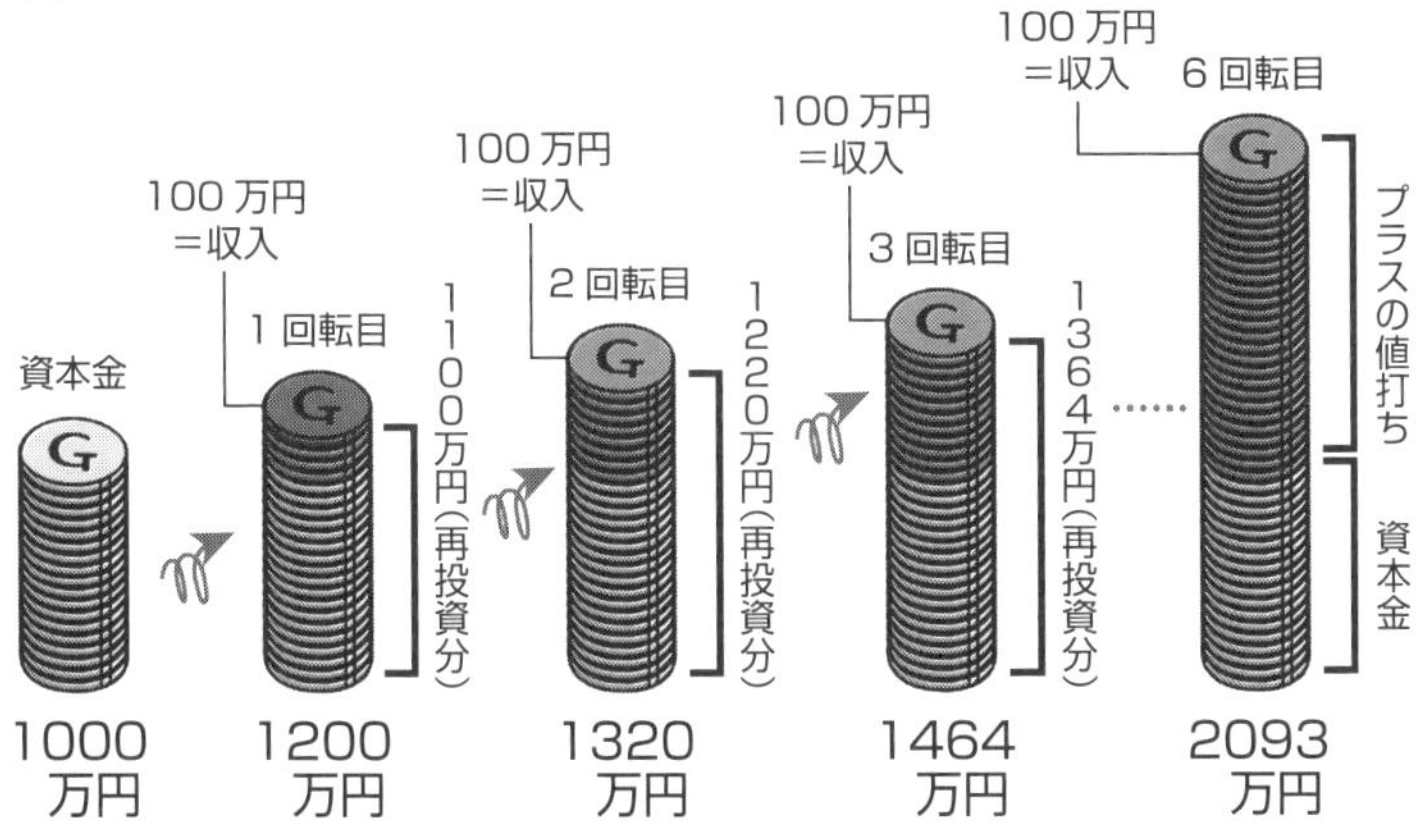

6回転目にはプラスαの値打ちが資本金を超える

★ 消費と投資の違い

後々利益を生み出す活動であるかどうかがポイント

それが1回転し生み出した新たな投資額（利潤）、100万円。これは労働者からピンハネして得たお金だ。それを投資に回して得られた20万円は、ピンハネがピンハネを生み出したことになる。

ここから、資本は単純な円を描いていた軌道が、どんどん大きくなってらせんの軌道になるのだ。つまり本格的な資本主義が始まる。要は資本家が労働者からくすねたお金でさらにスケールを拡大したピンハネを行なうこと。そしてそれがくり返されることで、資本家にはピンハネする権利、労働者にはタダ働きする権利が確定する。

なんでこんなことになったのか？　マルクスによると、労働者の労働力が商品になることで、そのことは避けられない。また、賃労働が基礎になって初めて商品生産が全社会に強制される、という。

> いまや所有は、資本家の側では、
> 他人の不払労働または
> その生産物を取得する権利として、
> 労働者の側では、
> 彼自身の生産物を取得することの
> 不可能として現われる。

投資することと消費・貯蓄の違い

ところで、労働者は彼の労働力を売っているのであって、資本家の召使いになっているわけではない（実際にそういう企業があるかもしれないけど、それは職権乱用だから、ここでは無視する)。召使いを雇うことは資本家の個人的な欲求を満たすためであって、さらなる利潤拡大のための投資ではない。それは消費だ。投資はあくまで生産的でなければならず、資本主義での「生産的」とは資本を大きくすることだというのは、すでに話したとおり。

また、投資と貯蓄は違う。貯蓄とは資本の回転からお金を引き出し、守ることだ。厳密にいうと、銀行に預金することは、銀行を通じた間接投資なので、いわゆるタンス預金をイメージしてほしい。貯蓄は1円の資本も増加させない。

上級編

『資本論』用語まめ辞典

■ 資本の蓄積

資本家が生産した商品を売って貨幣に換え、その利潤のいくぶんかを新たに投資に回すこと。利潤のすべてを消費に回せば、蓄積は拡大しない。

■ 原資本

剰余価値を生み出す一番最初の元手。初めの資本が1000万円だったとして、1200万円に増えたとする。2回転目でも現資本1000万円は利潤率20％で同じ増殖を行なう。追加の200万円はさらに20％増殖する。

■ 貨幣退蔵

利益を消費にも資本の蓄積にも回さずに、流通の外で保管すること。この場合、貨幣は1円の増殖をももたらさないが、いつでも商品が買える状態にある。

23

第7篇　資本の蓄積過程
第22章　剰余価値の資本への転化②

利潤はこうして資本に変わる③
資本家も機械などに再投資する

再投資すべきか、使っちまうべきか……

1000万円の投資額に対して、利潤（剰余価値）が200万円。資本家がそれをどれだけ自分のふところに入れ、どれだけを再投資に使うかは、彼のストイックさにかかっている。

彼が利潤（剰余価値）のすべてを再投資に回す場合を見てみよう。はじめが1000万円→商品→1200万円。2回転目、同じ利潤率だとして、1200万円が1440万円。3回転目で1728万円。4回転目では、約2074万円となり、資本は倍以上に増加した。

これは複利の考え方と同じだ。利子に利子がつくこと。まさに雪だるま式にふくらむの

★ピンハネとボッタクリの違い

1　1時間50個生産×8時間で400個生産

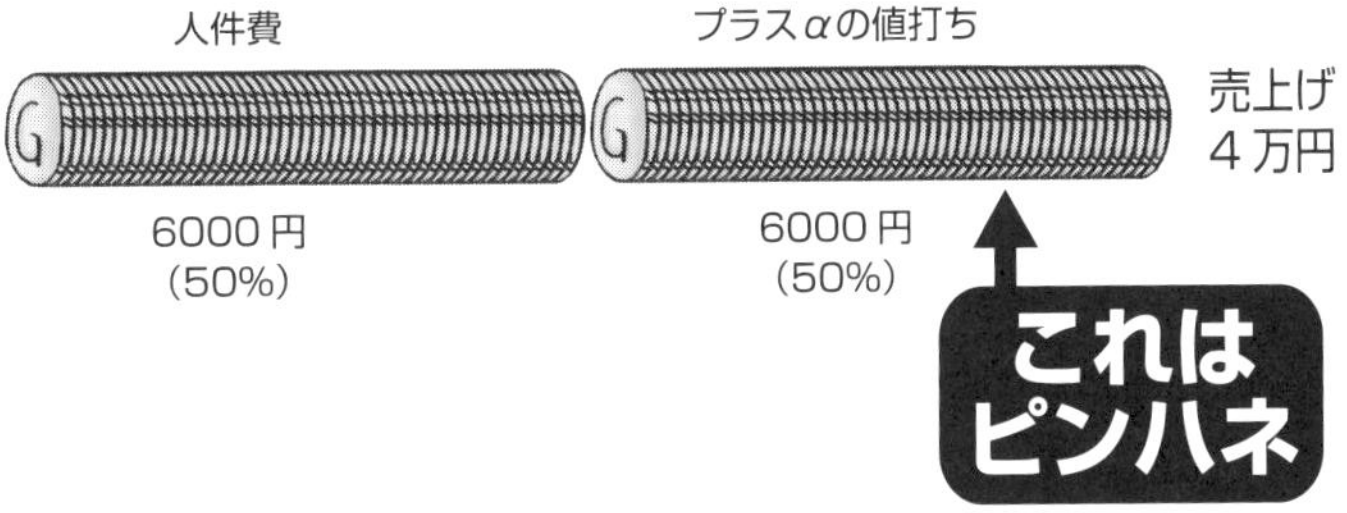

労働時間、作業効率、
売上げがすべて同じでも、
資本家は人件費を削減して、
プラスαの値打ちを高める

2　1時間50個生産×8時間で400個生産

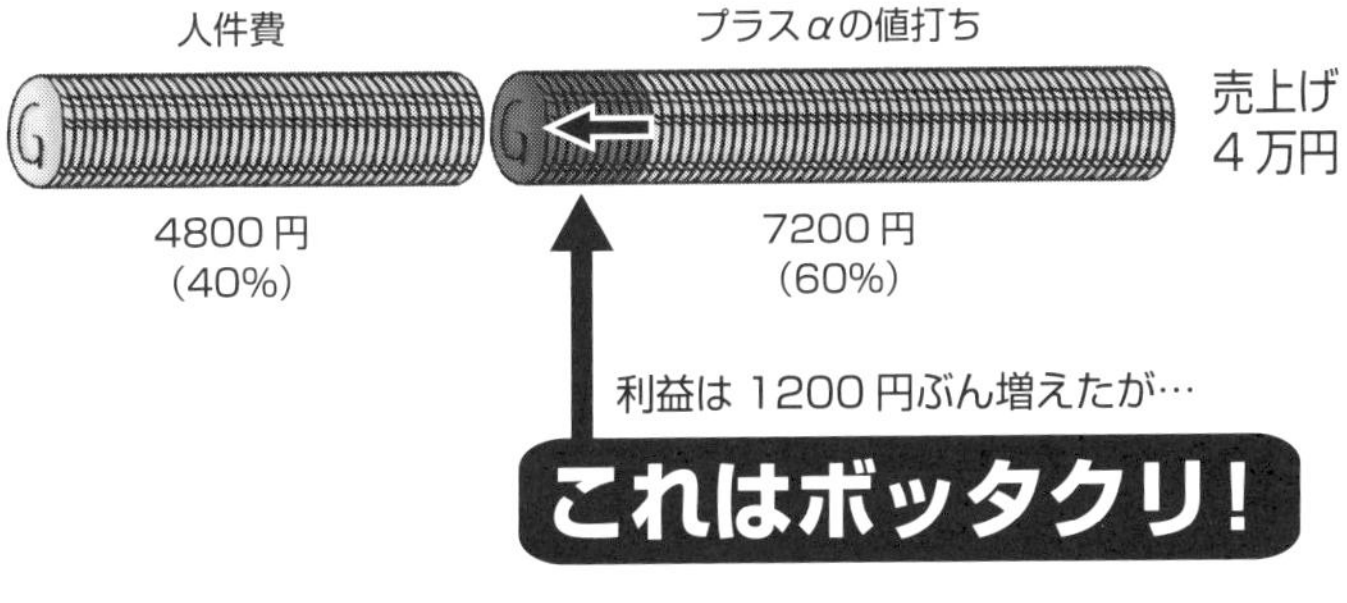

だから、はじめの200万円の利潤を再投資に回すことは重要である。

しかし贅沢のためのストイックとは、ほとんど矛盾だ。しかしこれも資本主義というシステムが資本家に強制すること。

資本家は労働者をいわば価値製造マシーンとして使っていた。しかし、あるときふと気付く。自分も資本が生み出した価値増殖システムの歯車になっていることに。

利益を増やすためなら何だってやる

利潤に占める再投資の割合が一定だとしたら、再投資額を増やすためには、利潤自体を増やすしかない。

資本家は労働者を雇うとき、たがいに対等にフェアに契約を結んでいるように見せていた。しかし、資本が拡大再生産をくり返すにつれて、次第に本音が現われる。

そう、資本は増殖するためなら何だってするのだ。
> 資本家の高く張った
> 胸のうちでは、
> 蓄積衝動と享楽衝動との
> ファウスト的葛藤が
> 展開されるのである。
利潤を増やそうとすると、ピンハネ率を高

めればよい。平たくいうと、人件費を削減するのだ。労働者にはよりつつましい生活を強制する。これは今までの前提をすべてひっくり返す、ほんとうの意味でのボッタクリだ。

また生産性を高めて超過利潤を増やそうとする。一例は、機械のさらなるバージョンアップ。機械は使えば使うほど消耗する。それは機械の価値を、新しく作る商品に移し変えているからだ。資本の拡大再生産によって生産力が向上すると、機械の価値がよりスピーディーにしぼりとれる。そして即効で新しく、より性能が高い新しい機械に買い換えられるのだ。おおむね新しい機械は性能が高くなったほどは値段は高くはない。

上級編 『資本論』用語まめ辞典

■ 蓄積原本・個人的消費原本

資本家は利潤を得ると、それを再投資に回すか、個人的な消費に回すかを判断する。前者にあてる剰余価値を蓄積原本といい、後者にあてるぶんを個人的消費原本という。現在の株式会社でいえば、前者が利益の内部保留分または準備金、後者が配当分だといえよう。その配分を決めるのは、マルクスの表現では、資本家の「節欲」にかかっている。「致富《ちふ》衝動と貪欲とが、絶対的な欲情として支配する」。

■ 労働基金

マルクスのいう可変資本、つまり労働力に対して支払われる資本の部分の基礎になる、労働者の生活費のこと。古典派経済学によって使われる言葉。

24

第7篇　資本の蓄積過程
第23章　資本主義的蓄積の一般的法則①

資本主義が発展すると①労働者は資本家同士の闘いの犠牲者となる

資本の増加は労働者への支配力を強めていくこと

資本が拡大再生産されるにしたがって、新たに投資される額はどんどんデカくなる。ということは、労働者の数も増えていくだろう。そしてどんどん増えていけば、やがてすべての人が職にありつき、結果人手不足となり、人件費が高くなっていく……はず。

もちろん資本がそうはさせない。資本が求めるのは、ほどよく貧しい労働者たちであり、けっして彼らを豊かにする気はない。やがて起こる不況で、大量のリストラがなされる。労働者は結局、資本の動きに逆らえないのだ。資本は労働者を豊かにするために増えるのではない。資本は自分が増えるために労働者を使っているだけなのだから。

マルクスはいう。資本主義社会において豊かな人というのは、お金や財産をたくさんもっ

★資本主義はこうして発展する

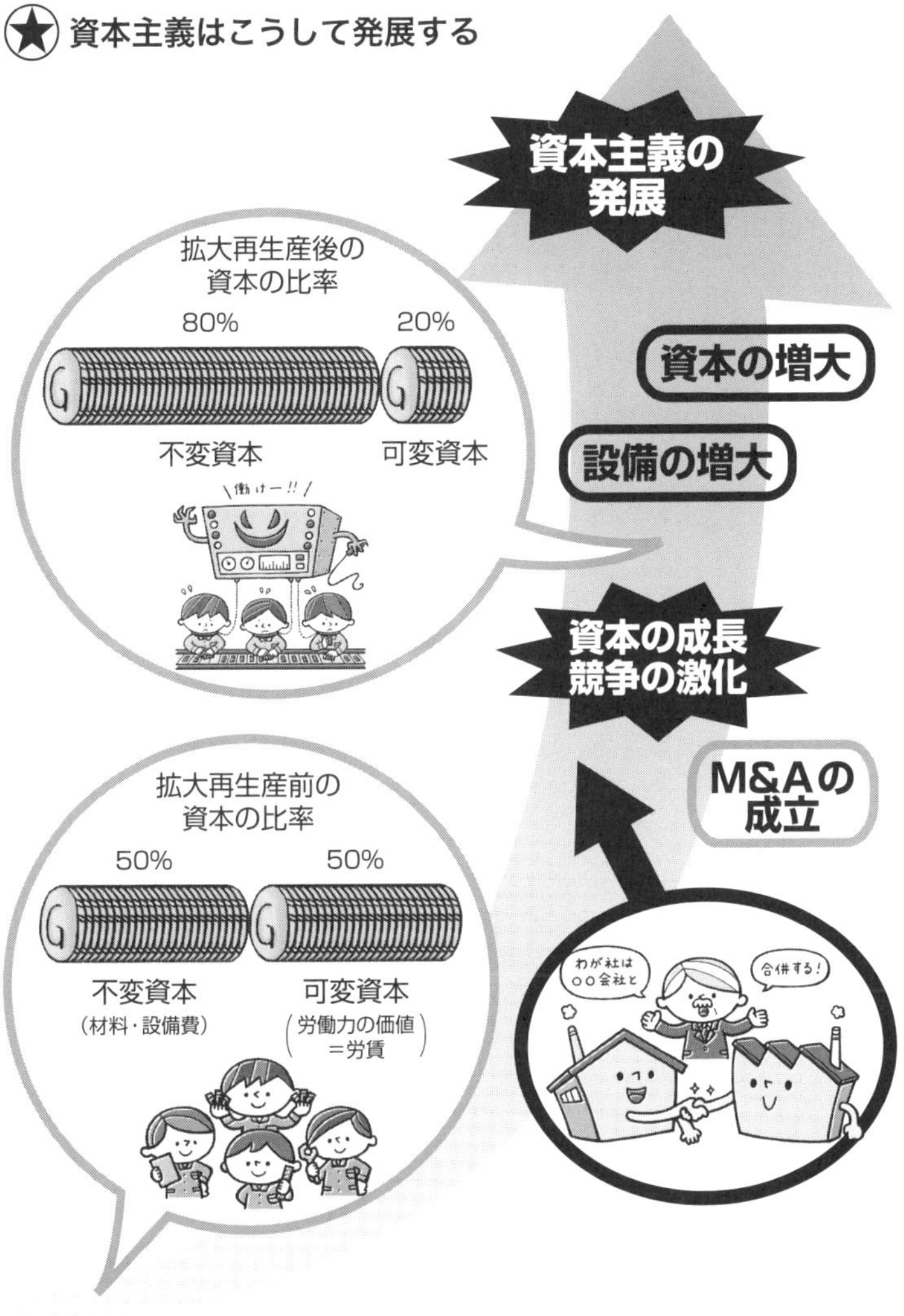

ている人ではなく、労働に対する支配力をもつ人。そして貧しい人というのは、お金がない人ではなく、気楽で自由そうに見える資本の従属関係から逃げられない人のことだ、と。

吸収・合併で資本はさらに大きくなる

投資は不変資本（材料や機械・設備など）と可変資本（人件費）とに分かれる。資本の再生産とともに投資額が大きくなり、機械や設備もバージョンアップしてさらに生産性が高くなるのだが、それに比例して労働者の数は増えない。資本の拡大再生産が進むにしたがって、不変資本の割合が増え、可変資本の割合が減っていくということだ。労働者の絶対的な人数自体は増える。がそれ以上に、機械や設備への投資額が莫大になる。

マルクスは「商品生産の地盤は、ただ資本主義的形態となって初めて、大規模生産を担うことができる」という。資本主義が発展すればするほど規模は大きくなり、機械や設備はバカみたいにデカくなるのだけど、性能がいいから人の手をどんどん減らしていくのだ。

資本の蓄積は、プロレタリアートの増殖である。

キョーレツな市場での価格競争は、資本の大きさくらべと成長競争を強いる。なぜならマルクスのいうように「より大きい資本はより小さい資本に勝つ」から。そうして資本の吸収・合併が行なわれる。今でいう、M&A(Mergers & Acquisitions)だ。

巨大な資本同士による競争はさらに激化し、資本の労働者に対する支配力はさらに強くなる。と同時に、労働者を、ある意味、不要にして、どんどん賃金を下げていく。競争に負けた資本家はやがて労働者となり、プロレタリアートは増殖する。

上級編 『資本論』用語まめ辞典

■ **資本の価値組成(有機的構成)**

資本家は初めの投資で生産手段と労働者へ資本を投資(=前貸し)する。その配分を価値から見た場合のこと。不変資本と可変資本との比率をいう。

■ **資本の技術的組成**

価値組成を具体的に機能する素材から見た場合のこと。原料や機械などの生産手段と賃金との比率をいう。

■ **プロレタリアート**

もともとは古代ローマの最下層にいた市民のことをいった。近世になり、生産手段をもたない賃労働者階級のことをいう。現代でいうサラリーマン。マルクスやエンゲルスにとっては、来るべき未来の社会を担う階級で、肯定的な意味合いが強い。

25

第7篇 資本の蓄積過程
第23章 資本主義的蓄積の一般的法則②

資本主義が発展すると②結局、失業者や半失業者がどんどん増える

労働者の数ではない、労働の量がほしいだけ

72ページで、量の増大がある一定量を超えると質の変化に変わる、といった。マルクスはここでもういちどそれを引き出してくる。つまり資本が増えるという量の問題が、不変資本が増えるに従って可変資本の割合が減っていき、大きな社会構造、つまり質の問題になるということ。労働者をあれほど必要としたのに、今度は労働者を不要にするのだ（量から質への変化）。

資本は労働者からプラスαの剰余価値をピンハネしつつ、拡大再生産をくり返す。ほかの資本家も同じことをしており、勝敗を決するのは、結局、競争に勝ち抜くことである。誰が早くデカくなるかの競争だ。それのために生産力を増大させるべく新しい機械が導入

★ 景気のよしあしに翻弄される労働者

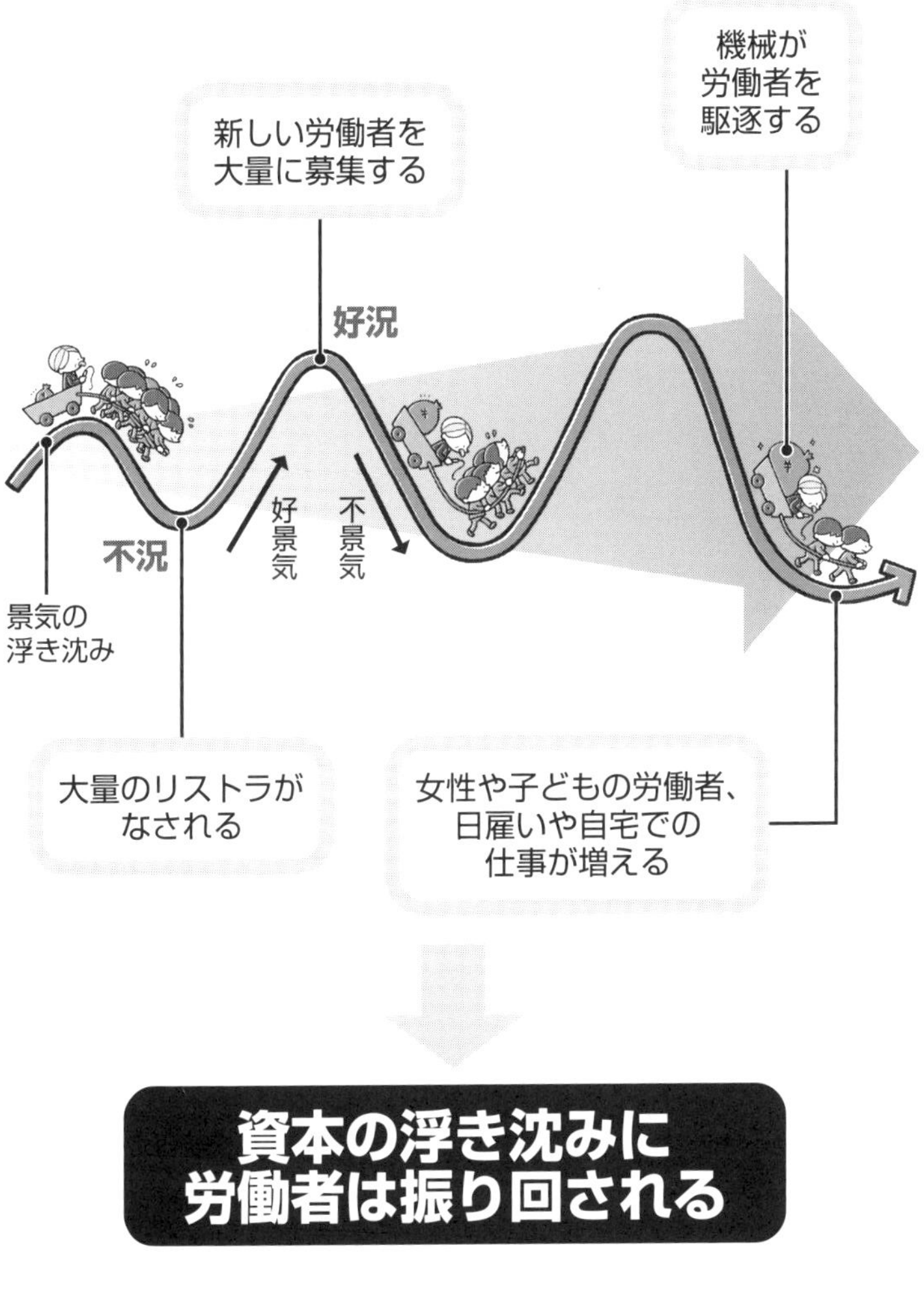

機械が
労働者を
駆逐する
新しい労働者を
大量に募集する
好況
好景気
不景気
不況
景気の
浮き沈み
大量のリストラが
なされる
女性や子どもの労働者、
日雇いや自宅での
仕事が増える
資本の浮き沈みに
労働者は振り回される

される。それにしたがってますます多くの労働者が必要とされなくなる。

そもそもの発端は、商品の価値とは、人がどれだけ手を加えたかという労働の量が決めるということだった。しかしこれは、自分の企業の労働者を増やすという意味ではない。他の企業の労働をピンハネすべく新しい生産手段を導入すればよいのだ。

同時に中途半端な労働者を必要とする

社会全体でみると、新たな産業分野が出現しない限り、失業者がどんどん増える。景気が悪くなったら当然だが、資本は、好景気に対する準備としても、失業者を必要としている。好景気に向かって労働者が必要となるからである。景気は何年かおきに好景気と不景気のサイクルを描く。好景気の場合には投資額を増やし、不景気の場合には、生産を調整しなければならない。

> 資本主義的生産の機構は、
> 資本の絶対的増大が
> 一般的労働需要の対応的増大を
> 伴うことのないように
> 用意しているのである。

ここで資本にとって役立つのがある程度の数の失業者だ。加えてマルクスは、いわば中途半端な労働者、半失業者にも注目している。

今でいう、バイトや契約社員など、企業に都合よく使われる労働者だと思えばいいだろう。
そうした労働者の予備がいなければ、景気がよくて、人員を増やしたいときに、すぐに見つからなくなる。見つけにくければ、給料は高くなる。また、たとえばちょっと前のＩＴ産業のような、新しい分野の産業が興るとする。資本はそこにドッと押し寄せる。そして多くの労働者が必要になる。というように、資本は一定数の都合のよい労働者たちを、みずからの拡大再生産に予備として必要としているのだ。やがて好景気が終われば、当然、労働者はお払い箱。労働者は景気変動によっていっそう翻弄される結果になる。

上級編 『資本論』用語まめ辞典

■ 産業予備軍

過剰な労働者。就業を希望している失業者、日雇い労働者、児童・女性労働者など、資本にとって最も都合よく使われる労働者。これが正規で雇われている労働者の賃金抑制にも使われる。現代のマクロ経済学は見事にこう表現する。「インフレ非加速化失業率（NAIRU）」のようなものだ。

■ 産業循環

景気の循環のこと。景気は好況と不況のサイクルを描く。好況のときは新規の投資が相次ぎ、不況のときは在庫の調整や労働者の解雇がなされる。これは資本主義の宿命であると同時に、資本の拡大の絶対条件となっている。つまりしばしば起こる不況（＝循環恐慌）は資本主義を崩壊させるどころか、逆に拡大させる。

26

第7篇　資本の蓄積過程
第23章　資本主義的蓄積の一般的法則③

資本主義が発展すると③貧しい労働者が増え、貧富の差が広がる

質の低い労働者（単純労働者）が増えていく

マルクスはここで、資本の拡大再生産とともに、労働者がどういう運命をたどるかを明らかにし、それらを一般的な法則としてまとめる。結論を先にいうなら、資本が拡大していくにつれて失業者の数が増えていくということだ。

マルクスが挙げている例を列記してみよう。

①資本は給料が安く手なずけやすい子どもや女性の労働者を増やし、成人の男性労働者を減らす。今でいえば、中高年をリストラし、若いバイトを増やすということか。

②ある業界では好景気で別の業界では不景気だということがある。たとえば新規産業と衰退産業だ。しかし、古い産業の労働者で失業した人たちは、すぐに仕事を切り替えられ

★マルクスが描く労働者の運命

女性労働や
児童労働者の増加

都市への人口集中

労働者の
生活環境の悪化

失業者の増加

るわけではない。だからある産業で失業者があふれているのに、別の産業では人手不足というようなひどい状況も起こる。

③農村から追い出されて労働力しか売るもののない人々が都市へ移動する。独立手工業から工場制手工業へ、さらに大工業へと発展するにしたがって、必要とされる労働者数が減り、失業者が増える。

そうして新しく産業が生まれる都市に多くの人が殺到し、極貧の生活を送ることになる。やがて一部の人々は、浮浪者、犯罪者、売春婦、など社会的に転落した層を作り出す。マルクスはいう。これらは富の資本主義的な生産と発展の一存在条件なのだ、と。

「それは資本の蓄積に
対応する貧困の蓄積を
かならず生む。」

資本主義の発展は貧富の格差を広げる

職のある労働者も絶えず、圧迫を受ける。資本家からは、労働時間のハンパない延長や、とんでもない効率化。そして拡大する資本の回転からは、機械や設備に自分の居場所を奪われる圧力を受け続ける。

いっぽうで工場の外を見てみれば、先に

いったような、失業者や中途半端な労働者たちが、自分の地位をつねに奪おうとしている。だから、過酷な労働環境にも我慢するしかない。

マルクスは、そうして資本主義が拡大していくにつれて、しぼりとられる労働者の数が増えていくことを、資本主義の法則としてあげている。また労働者の生活はどんどん貧しくなる、ともいう。資本が大きくなればなるほど、貧困は大きくなる。つまり貧富の格差が資本主義の発展につれてどんどん広がっていくというのだ。もちろん、それは絶対的ではなく、資本の増大に比べて相対的な貧困である。

上級編 『資本論』用語まめ辞典

■ ルンペン・プロレタリアート

資本主義社会の最下層階級。たとえば、ホームレス、犯罪者、売春婦など。

■ 被救護貧民

ルンペン・プロレタリアートを除く社会の最下層階級。マルクスが挙げた例でいうと、孤児や親が没落してまともな教育を受けられない子ども、産業の変革のために新しい仕事に就けない労働不能者、高齢のために就職が見つからない労働者、危険な仕事で事故に巻き込まれ障害をもつ人たち、または病気で働けない人たちなど。ルンペン・プロレタリアートと違うところは、彼らが資本主義体制の直接の犠牲者だということだ。彼らも景気の循環によって減ったり増えたりする産業予備軍の一員をなす。

27
第7篇 資本の蓄積過程
第24章 いわゆる本源的蓄積①

原点に戻って考えると、最初の「資本」の出どころって?

血みどろのなかで行なわれたはじめの蓄積

資本主義が始まる前の時代。誰がどこかからまとまったお金を集めて来て、それを投資してプラスαの剰余価値を生み出したのか? その資本が拡大再生産によって、社会全体を揺り動かすことになるのは、これまで話してきたとおり。そのはじめのまとまったお金、それはどうやって生まれたのか?

マルクスはズバリいっている。「征服、圧制、強盗殺人、要するに暴力」からだ、と。

ここからしばらくマルクスは、資本が社会を支配する以前の、血みどろの歴史を描き出す。それは生産者から生産の手段(農民にとっての土地、自営業者にとっての道具・機械など)が引きはがされていく過程だ。舞台はイギリス。封建社会の崩壊とともに、農民が

★「資本」と「労働者」はこうして生まれた

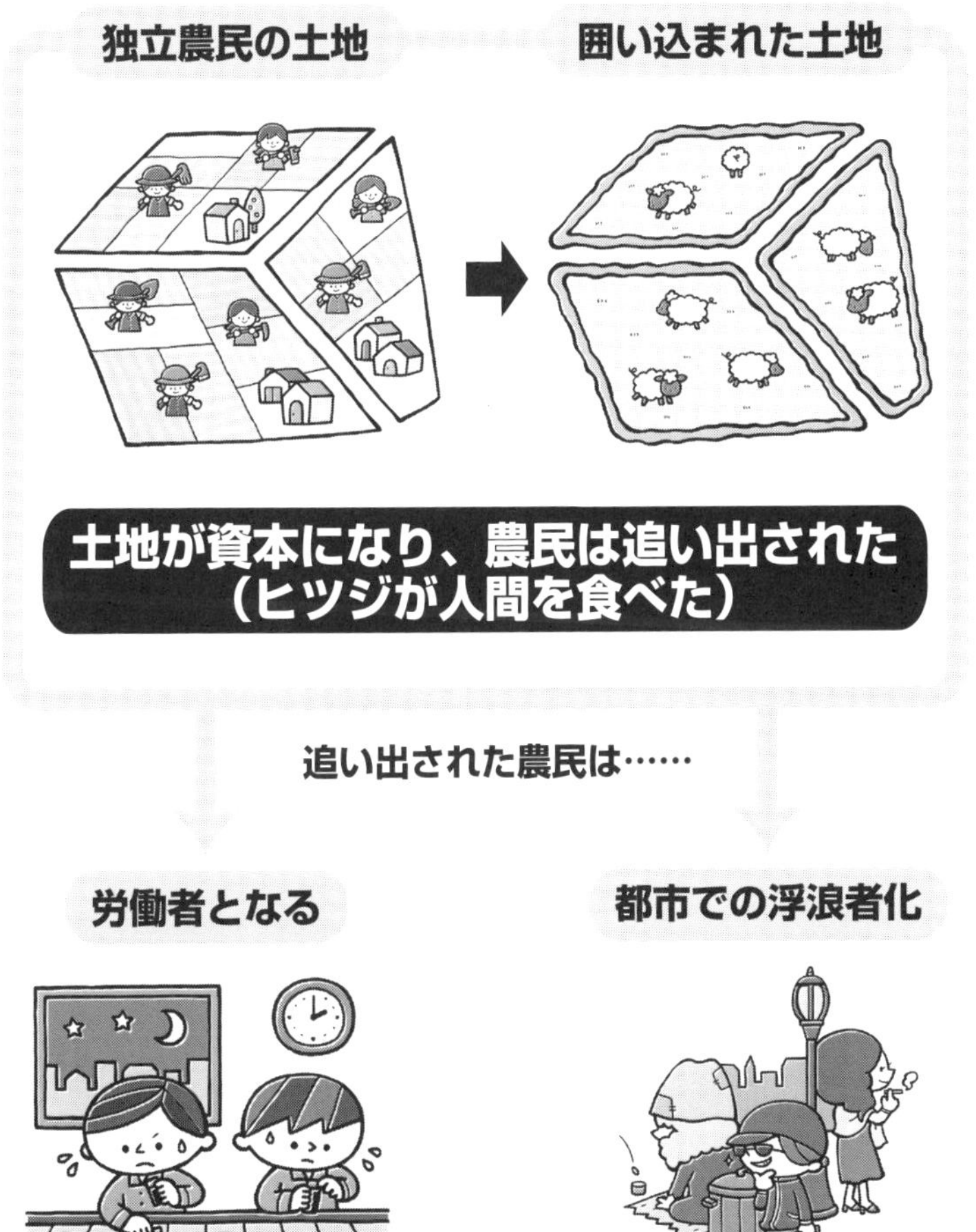
独立農民の土地
囲い込まれた土地
土地が資本になり、農民は追い出された
（ヒツジが人間を食べた）
追い出された農民は……
労働者となる
都市での浮浪者化

土地を奪われ、独立自営業者が生産手段を奪われ大量の賃金労働者が生み出された。

土地が強奪され、労働者が生まれた

イギリスの農民は、14世紀の後半には、ほとんど自分の土地を耕し、そこからの生産物で家族を養う独立自営農民だった。村には共同で使える土地があり、そこに羊や豚などを飼ってミルクなどを得ていた。そんな生活では、必要なものを市場で買ってくることは少なかった。

15世紀から16世紀の初めにかけて、羊を飼うための土地の収奪が始まる。ドーバー海峡の向こう、現在のベルギー地方にあたるフランドル地方で、いち早く羊毛の工場制手工業が興っていたからだ。イギリスの地主は人間を追い出して牧羊業を過激に進めた。この過程は長い過程だった。

> 彼らの村落は、
> ことごとく取り壊されて
> 焼き払われ、
> 彼らの耕地はことごとく
> 牧場に変ぜられた。

マルクスのあげている例を紹介すれば、24の農場が三つに減らされている（そのぶん一つ一つは広い）。それがあちこちで行なわれ、ある土地では100家族が10家族に減っているありさま。農民は、土地を奪われれば、生活していく術がない。19世紀にはスコットランドにおいて1814年から1820年にかけて約1万5000人、約3000家族が、暴力的に追い出された。マルクスは「清掃」という言葉を使っている。その言葉どおり、人も家もきれいサッパリ取り除かれたのだ。

このようにして国有地、共同地、教会領が暴力的に略奪され、ある個人の持ち物とされた。そこからあふれ出した大量の農民が、労働力を売るしかない労働者になったのだ。

上級編 『資本論』用語まめ辞典

■ 本源的蓄積

本格的な資本主義発生に至る前の資本の蓄積。資本にとっての「初めの第一歩」。

■ 独立自営農民（ヨーマン）

イギリスにおける14世紀半ば以降、小さな土地を家族で耕していた小生産の農民層。15世紀半ば以降の、比較的裕福な小作人も含まれる。

■ 囲い込み

15世紀末から17世紀半ばに第一次囲い込みが起こる。おもに牧羊のために地主が土地を暴力的に大量所有したこと。第二次は18世紀から19世紀初めまで起こり、おもに食料増産を目的に、議会の承認を得て合法的に行なわれた。2回の囲い込みで、地主・資本家の台頭、大量の賃金労働者の出現した。

28

第7篇　資本の蓄積過程
第24章　いわゆる本源的蓄積②

労働者をつくったのは、「資本」と「国家」の強力タッグだった

国家が資本の成長を助けた3つの役割

15世紀ごろ、資本はまだヨチヨチ歩きのひ弱な状態だった。それが大きく育つために国家が大きな役割をした。そこで果たした役割をマルクスはおもに三つ挙げている。

①浮浪者などの取り締まり

土地を暴力的に奪われた農民たちは、仕方なく都市に押し寄せた。しかしまだ資本主義は十分に発達しておらず、大量の賃金労働者を雇うほどのスケールではなかった。そして都市には大量のホームレス、盗人などが出現した。国家は「血の立法」によって文字どおり彼らを暴力的に取り締まった。マルクスの挙げた例の一部を列記しよう。

16世紀初め、働けるホームレスには、体から血が出るまでの鞭打ちと拘禁。2回目に捕

★国家が行なった「暴力行為」

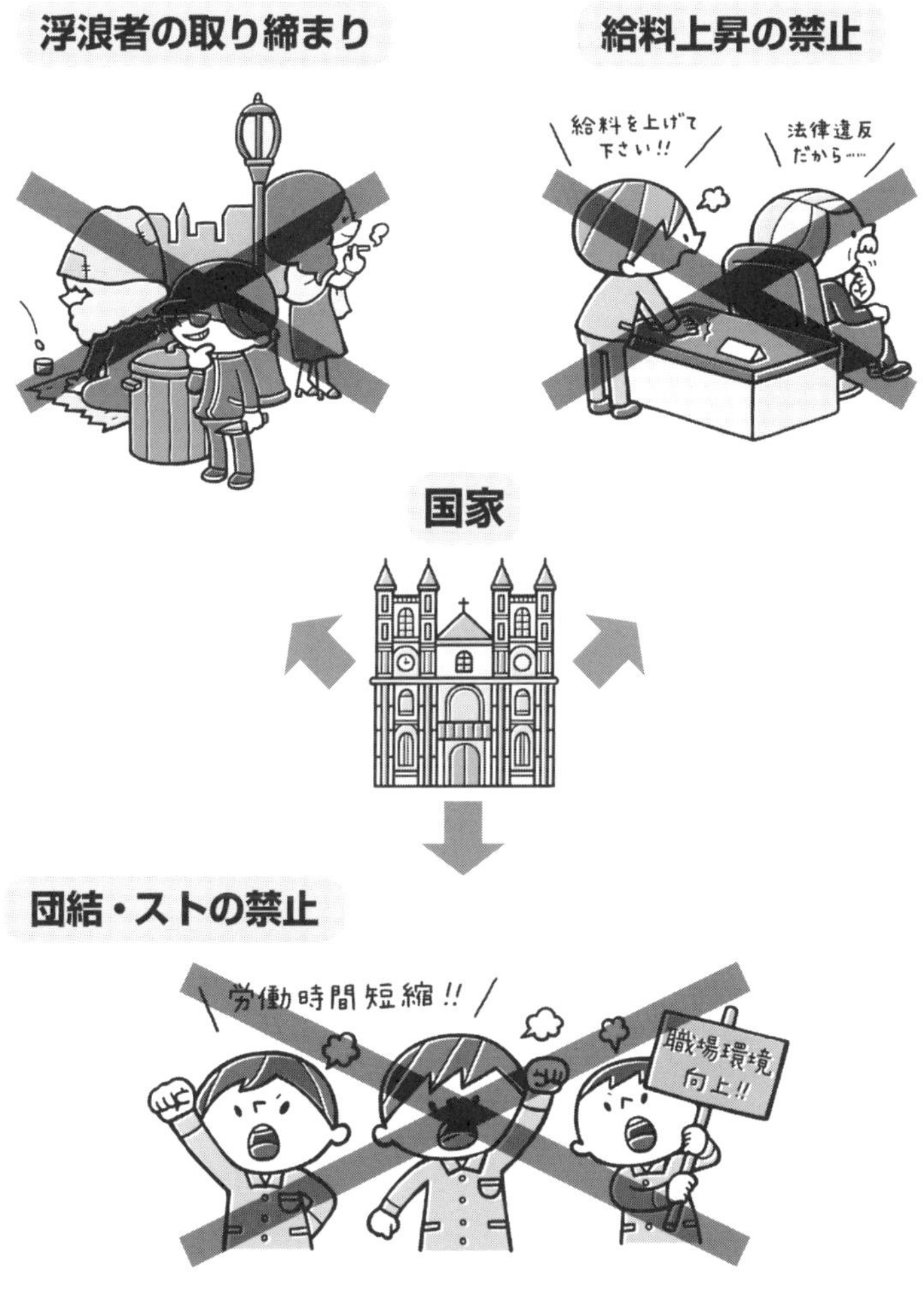
浮浪者の取り締まり
給料上昇の禁止
給料を上げて下さい!!
法律違反だから…
国家
団結・ストの禁止
労働時間短縮!!
職場環境向上!!

まれば、鞭打ちに加え、耳が半分切り取られる。3回目、死刑。16世紀半ば、鞭と鎖で奴隷にされる。S字の烙印。奴隷が主人に逆らえば死刑。16世紀後半、1回目は鞭打ちと烙印。2回目、雇う者がいなければ死刑。3回目は反逆者として死刑。17世紀初め。公開鞭打ち、入獄、R字の烙印、強制労働。再逮捕時は死刑。

……そうして、労働することを誓わされた。

労賃は押さえられ、文句をいうこともできない

②労賃上昇の禁止

> 興起しつつある
> ブルジョアジーは、
> (中略)
> 国家権力を必要とし、
> 利用する。

資本に対して人件費の割合が増えれば利益は減る。幼い資本にとっては、人件費の負担がキツかった。だから国家はいろんな法律で、労賃の上限を決めて資本を保護した。たとえば、ある程度以上の労賃を払うことは禁止。さらに罰則は受け取る側がより重罪になる、というもので、そこには国家と資本のいい関係が表われていた。

③団結、ストの禁止

14世紀、労働者が集まって組合をつくったり、ストライキをすることは断固禁止された。マルクスの時代に至る500年後「全く不本意」ながら廃止されるまで重罪だった。

マルクスが描いたおぞましい時代を考えると今がなんていい時代だと思うかもしれない。プータローやパラサイトやニートしていても、警察に捕まることはない。労賃上昇が禁止されるどころか、最低賃金が法律で決まっているし、ストや団結は憲法で保証されている。

しかし、それは表面だ。代わりに仕事がなくなり、最後には最低賃金も下がる……。

上級編 『資本論』用語まめ辞典

■ 労働者法

イギリスで1349年成立。労働時間の延長を強制し、賃金の上昇を禁止する法律。その後、関連する諸法規で、処罰がますます重くなり、団結の禁止まで範囲を広げる。その資本家寄りの性格は、賃金の上限を決めているのに下限を決めていないこと、または支払うよりも受け取るほうが刑罰が重いことに現われるとマルクスはいう。

■ 同職組合（ギルド）

製造技術や価格決定権を独占した手工業者同士の排他的な組合。12世紀前半に発生し、中世社会で強い勢力をもっていた。農業革命や土地の囲い込みで農村を追われた農民は、ギルドに加入できず、台頭しつつあった工場の賃金労働者となった。

29

第7篇 資本の蓄積過程
第24章 いわゆる本源的蓄積③

資本主義社会の未来はどうなる？

生産する手段が奪われる歴史

140ページから、資本が蓄積される過程を見てきた。マルクスの表現でいえば、野蛮、陋劣《ろうれつ》、醜悪、卑怯な憎むべき激情の衝動でボッタくってきたというわけだ。ただし、いったん資本主義のシステムができてしまえば、資本家はそのような悪どいことをしない（現実は別にして、理論的には）。フェアに取引することで資本は増える。が、しわ寄せは労働者に押し寄せる。

さて、資本が形成される過程で見られたいくつかのポイントをまとめよう。

①分散していた生産手段の集中、②小規模所有から大規模所有への変化。

労働者が生産手段や土地を奪われ、みずから作った生産物を自分のものにできないよう

★マルクスが考えた「資本主義の発展にともなう変化」

①企業

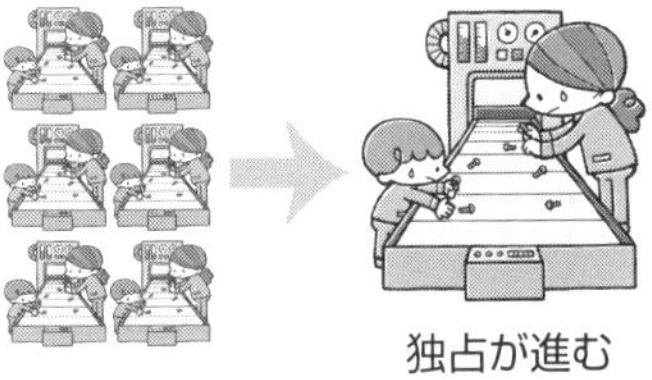

独占が進む

②資本額

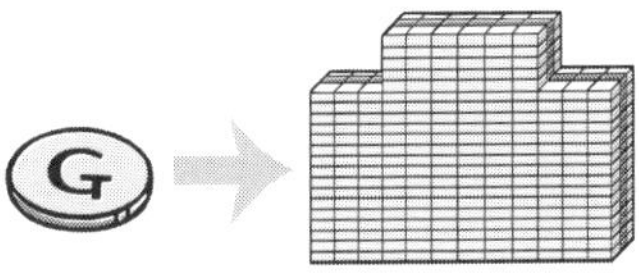

大きくなる

③生産力

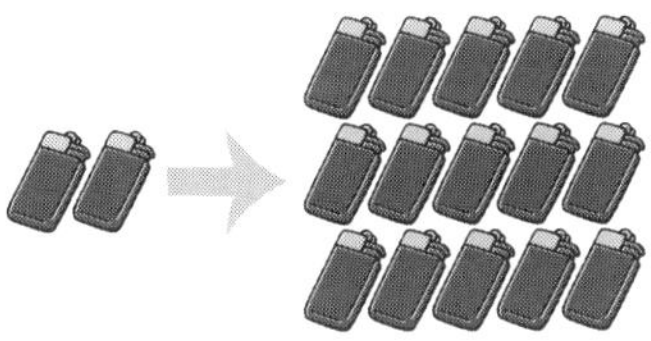

大きくなる

④労働者

多くなる

⑤機械の設備の規模

大きくなる

⑥資本家

小規模な資本家は労働者へ。
資本家は少数となる

になっていったというわけだ。

マルクスの描く資本主義の未来

そこまでは、資本主義の論理といえよう。しかしマルクスは未来の姿を描き出す。そう、これからの時代だ。

吸収・合併をくり返して集中された資本はどんどん巨大になる。資本はグローバル化される。少ない資本家が多くの資本家を滅ぼしていく。その結果、小資産家は労働者となり、労働者はどんどん増えていく。そこにマルクスは階級対立の可能性を見る。

いつかそれが爆発して革命が起こり、「収奪者が収奪される」。キーワードは「社会化」だ。やがて資本主義は、資本を資本みずからの運命として社会化せざるをえなくなる。その究極が共産主義ということだろう。

この予言の正否は、今なお議論は続いているし、現代をマルクスが語る「未来」のどこと見るかでも違ってくるだろう。

> 資本主義的私有の
> 最期を告げる鐘が鳴る。
> 収奪者が収奪される。

今、企業の吸収・合併が相次ぎ、社会の生産手段や富が独占されてきている。しかしその独占は逆に多くの人に分散されつつある（社会化）ともいえる。

そのいい例が株式会社。実際、超巨大企業は多くの株主がいる。ＮＴＴドコモ約33万人、パナソニック約44万人、ソニー約64万人、トヨタ自動車約58万人（14年3月時点）などなど。これはそれだけ多くの人に生産手段が分散されて、社会化されているということだ。

ともあれ、彼が指摘した資本主義の矛盾は、いまだにいっこうに解決していない。

上級編 『資本論』用語まめ辞典

■ 直接生産者

何かを生産する道具や機械など、生産手段を自分のもち物にしており、生産物も自分の所有物にする生産者。農民が土地やクワや牛をもっており、収穫物を自分のものにしているなど。

■ 商人資本

近代的な産業資本が起こる前からある資本の形式。ある土地で買ってきた物を別の土地で高く売って利益を得る。貨幣→商品→貨幣＋αで生産過程を含まないものだといえる。

■ 高利貸資本

こちらも産業資本以前の資本形式。利子生み資本ともいう。貨幣→商品→貨幣＋αの商品さえも取っ払って、貨幣→貨幣＋α（＝利子）で利益を得る。

30

第7篇 資本の蓄積過程
第25章 近代植民理論

植民地さえも例外ではなかった

貧乏な労働者がいない！

マルクスは、アメリカに注目する。そこでは、資本主義がなかなか起こらなかった。その原因を突き止めることで、逆に、資本主義には何が必要なのかがよくわかるからだ。

ヨーロッパの資本家は、大量の資本を手に新天地に押し寄せた。土地を買い、材料や機械・設備をたいそう立派なものにし、資本主義開始！……とはいかなかった。ピンハネする労働者がいないのだ。その原因はおもに二つ。

①労働者が独立している。

マルクスの挙げた例をいうと、彼らはみずから土地を耕し、家具や道具をみずから作り、家を建て、生産物を自分で売る。「彼らは紡ぎ手でもあり織り手でもあり、自家用の石け

★マルクスが注目した17世紀のアメリカとイギリスの違い

アメリカに資本主義が
起こらない理由
労働者が独立している（独立自営業）
食べ物を作る
家を作る
服を作る
土地が広い
（農業に従事）
今日から私の
土地だ!!
イギリス
アメリカ
すでに資本主義化した
イギリスは……
資本家に雇われた
労働者が都市に集中

んやろうそく、靴や衣服を自分で作る」という。これは彼らが生産する手段をもっているということであり、つまり彼らは労働者ではないということだ。

②土地が広すぎる。

アメリカでは、安いお金で耕す土地も住む土地も手に入る。だから入植者たちはガムシャラに働く必要がない。すぐに生活に必要なお金がまかなえるから。それを上回るお金はすべて彼自身の儲けになる。労働者として働いていても、あんまりひどい環境であれば、「ヤーメタ」ですぐに逃げ出す。

というわけで、アメリカでは自分の能力しか売り物がない賃金労働者がなかなか手に入らなかったのだ。

資本は物ではなく、物によって媒介された人と人とのあいだの社会的関係である。

南北戦争が大きなきっかけ

これはこれまで述べてきた資本主義の始まる条件をあらためて裏打ちする。生産する手段が特定の個人（資本家）に集められており、それを奪われている労働者、なかでも、どのような過酷な労働環境でもすがりつくしかないような貧しい労働者が、ゴチャゴチャと集められていなければならないということ。結局、ピンハネできる労働者の出現が絶対必要な条件というわけだ。

が、やがて、「裕福で独立的で企業心に富み、比較的教養のある」人たちの国アメリカでも資本主義が起こった。理由の一つは持続的な移民で東海岸に人口が増え続け、東部の都市に労働者があふれたことである。要するに独立自営業者が増え、労働者が出現したということである。

マルクスはいう。そのことで、アメリカは「天国であることをやめた」と。

上級編『資本論』用語まめ辞典

■ **アメリカの独立**

1776年の独立宣言で、13州が独立。したがってマルクスが『資本論』を書いているとき（1860年代）には、すでに資本家は発生しつつあったのだが、イギリスほどではなかったのだ。

■ **組織的植民**

賃金労働者を強制的に作りあげる方法。国家が強制的に土地を値上げし、取得を難しくする。そして売上金の一部で、多数の移民を呼ぶ、というもの。

■ **南北戦争**

1861年から65年に起こった、北部諸州と南部諸州との内戦。北部が勝利し、奴隷解放が実現した。

31

第2巻　資本の流通過程
第3巻　資本主義的生産の総過程

必然的に恐慌は起きる。それでも、資本の拡大は続く

第2巻、第3巻で取り上げていること

『資本論』1巻では、プラスαの剰余価値が資本に変化し、どんどん大きくなっていくまで（資本の生産過程）が分析された。

続く2巻ではそのプラスαの剰余価値が市場でどのように回転するかが説明される（資本の流通過程）。より現実的で具体的になってくるわけだ。そして個別の資本家のもつ資本をすべてひっくるめた社会全体での資本（社会的総資本）の動きを追う。よりスケールの大きい話になるのだ。

そして3巻は「資本家的生産の総過程」となっている。目次の「篇」だけ見ていってほしい。1篇、プラスαの剰余価値が利潤に変わる。2篇、利潤が平均化される（平均利潤）。

★『資本論』第2巻、第3巻の構成

第二巻　資本の流通過程

序文（エンゲルス）

第一篇　資本の諸変態とそれらの循環

第一章　貨幣資本の循環
第二章　生産資本の循環
第三章　商品資本の循環
第四章　循環過程の三つの形
第五章　流通期間
第六章　流通費

第二篇　資本の回転

第七章　回転期間と回転度数
第八章　固定資本と流動資本
第九章　前貸資本の総回転。回転の循環
第一〇章　固定資本と流動資本にかんする諸理論。重農学派とアダム・スミス
第一一章　固定資本と流動資本にかんする諸理論。リカード
第一二章　労働期間
第一三章　生産期間
第一四章　流通期間
第一五章　回転期間が資本前貸の大きさに及ぼす影響
第一六章　可変資本の回転
第一七章　剰余価値の流通

第三篇　社会的総資本の再生産と流通

第一八章　緒論
第一九章　研究の対象にかんする従来の諸説
第二〇章　単純再生産
第二一章　蓄積と拡大再生産

第三巻　資本主義的生産の総過程

序文（エンゲルス）

第一篇　剰余価値の利潤への転化と剰余価値率の利潤率への転化

第一章　費用価格と利潤
第二章　利潤率
第三章　剰余価値率にたいする利潤率の関係
第四章　回転の利潤に及ぼす影響
第五章　不変資本の充用における節約
第六章　価格変動の影響
第七章　補遺

第二篇　利潤の平均利潤への転化

第八章　相異なる生産部門における資本の不等な組成とそれから生ずる利潤率の不等
第九章　一般的利潤率（平均利潤率）の形成と商品価値の生産価格への転化
第一〇章　競争による一般的利潤率の均等化。市場価格と市場価値。超過利潤
第一一章　労働賃金の一般的諸変動が生産価格に及ぼす諸影響
第一二章　補遺

第三篇　利潤率の傾向的低下の法則

第一三章　この法則そのもの
第一四章　反対に作用する諸原因
第一五章　この法則の内的矛盾の展開

第四篇　商品資本および貨幣資本の商品取引資本および貨幣取引資本への転化（商人資本）

第一六章　商品取引資本
第一七章　商業利潤
第一八章　商人資本の回転。諸価格
第一九章　貨幣取引資本
第二〇章　商人資本にかんする歴史的考察

第五篇　利子と企業者利得とへの利潤の分割。利子付資本

第二一章　利子付資本
第二二章　利潤の分割。利子率。利子率の「自然的」な率
第二三章　利子と企業者利得
第二四章　利子付資本の形態における資本関係の外在化
第二五章　信用と空資本
第二六章　貨幣資本の蓄積、その利子率に及ぼす影響
第二七章　資本主義的生産における信用の役割
第二八章　流通手段と資本。トゥックおよびフラートンの見解
第二九章　銀行資本の構成部分
第三〇章　貨幣資本と現実資本　Ⅰ
第三一章　貨幣資本と現実資本　Ⅱ（続）
第三二章　貨幣資本と現実資本　Ⅲ（結）
第三三章　信用制度のもとにおける流通手段
第三四章　通貨主義と一八四四年のイギリス銀行立法
第三五章　貴金属と為替相場
第三六章　資本主義以前

第六篇　超過利潤の地代への転化

第三七章　緒論
第三八章　差額地代。総論
第三九章　差額地代の第一形態（差額地代Ⅰ）
第四〇章　差額地代の第二形態（差額地代Ⅱ）
第四一章　差額地代Ⅱ——第一、生産価値が不変なばあい
第四二章　差額地代Ⅱ——第二、生産価値が低下するばあい
第四三章　差額地代Ⅱ——第三、生産価値が上昇するばあい。結論
第四四章　最劣等耕地にも生ずる差額地代
第四五章　絶対地代
第四六章　建築地地代。鉱山地代。土地価格
第四七章　資本主義的地代の生成

第七篇　諸収入とその諸源泉

第四八章　三位一体の定式
第四九章　生産過程の分析のために
第五〇章　競争の外観
第五一章　分配諸関係と生産諸関係
第五二章　諸階級
補遺（エンゲルス）
一　価値法則と利潤率
二　取引所

3篇、利潤の率が下がっていく（利潤率の傾向的低落）。とりあえずここまで見ればなんとなくわかるように、『資本論』の最大の興味は、資本主義社会が崩壊することを理論的に示すということだ。

生産力アップと競争の激化が恐慌を生む

資本主義は、生産力をどんどん高める。そのために資本は機械や設備をどんどん大きくする。

不況下で低い利子率で資本を集め、安い賃金と安い不変資本で資本は稼働し始める。

この不況下では、利潤率は高い。やがて好況に向かっていくにつれて、利子率は高くなり、利潤率は低くなる。

それは好況とともに労働者の賃金が上がり始めるからだ。

こうして資本は次第により多く資本を借りる必要が生じ、現金需要が生じる。

そこで賃金需要に対応できなくなった企業

「資本主義的生産の真の制限は、資本そのものである。」

は倒産する。

これが恐慌である。

恐慌の原因は利潤率の傾向的低落の法則、部分間の不均衡などによって説明される。

しかし、恐慌は新たな資本の拡大再生産の幕開けにすぎない。

恐慌を乗り切れない企業は淘汰される。そして真の競争力をもつ企業が、さらに巨大な投資を行なう……。

上級編 『資本論』用語まめ辞典

■ 恐慌

英語で〝crisis〟が示すとおり、経済の危機的状況。マルクスは恐慌を論じた数少ない経済学者の一人といわれている。

恐慌は信用の連鎖が切れることで起こる（信用恐慌）。その背景には過剰生産がある。恐慌になると商品は売れなくなる。

恐慌が起こるもっとも単純な可能性は、貨幣と商品が分離すること(売れないということ)である。しかし、それは「恐慌の可能性を、だがまたその可能性のみを、含んでいる」という。必然的に起る原因については、生産手段と消費手段の生産の不均衡、利潤率の低落などのさまざまな原因がある。

監修者紹介
的場昭弘（まとば・あきひろ）
1952年、宮崎市生まれ。神奈川大学経済学部定員外教授。慶応義塾大学大学院経済学研究科博士課程修了、経済学博士。中学生のころにマルクスの『資本論』に出会い、以後40年マルクスの研究を続けている。著書に『超訳『資本論』』（祥伝社）、『一週間de資本論』（日本放送出版協会）、『マルクスだったらこう考える』（光文社）など多数。

まんが図解《ずかい》 まるかじり! 資本論《しほんろん》

2014年12月10日　第1刷

監修者　的《まと》場《ば》　昭《あき》弘《ひろ》
発行者　小澤源太郎

責任編集　株式会社 プライム涌光
電話　編集部　03(3203)2850

発行所　株式会社 青春出版社
東京都新宿区若松町12番1号 〒162-0056
振替番号　00190-7-98602
電話　営業部　03(3207)1916

印刷　共同印刷　　製本　大口製本

万一、落丁、乱丁がありました節は、お取りかえします。
ISBN978-4-413-03934-5 C0033